AUTORES:

GUILLERMO DE CASTRO MAQUEDA
MACARENA RIVERO VILA

FUNDAMENTOS PARA LA PREVENCIÓN EN LA ESCUELA

Título:	FUNDAMENTOS PARA LA PREVENCIÓN EN LA ESCUELA
Autor:	GUILLERMO DE CASTRO MAQUEDA y MACARENA RIVERO VILA
Editorial:	WANCEULEN EDITORIAL DEPORTIVA, S.L. www.wanceulen.com
ISBN:	978-84-9993-432-7

Dep. Legal:
©Copyright: WANCEULEN EDITORIAL DEPORTIVA, S.L.
Primera Edición: Año 2016
Impreso en España

Reservados todos los derechos. Queda prohibido reproducir, almacenar en sistemas de recuperación de la información y transmitir parte alguna de esta publicación, cualquiera que sea el medio empleado (electrónico, mecánico, fotocopia, impresión, grabación, etc), sin el permiso de los titulares de los derechos de propiedad intelectual. Cualquier forma de reproducción, distribución, comunicación pública o transformación de esta obra solo puede ser realizada con la autorización de sus titulares, salvo excepción prevista por la ley. Diríjase a CEDRO (Centro Español de Derechos Reprográficos, www.cedro.org) si necesita fotocopiar o escanear algún fragmento de esta obra.

A nuestra querida maestra,
Yvonne Solanas

INTRODUCCION

Esta obra ha sido diseñada como un instrumento de apoyo en la implementación de los contenidos curriculares de los diferentes programas propuestos por la Consejería de Educación de la Junta de Andalucía. A través de todos ellos se aspira a que los estudiantes aprendan gradualmente a:

- Ser persona y sujeto social.
- Saber razonar y actuar correctamente en la familia y en la sociedad.
- Saber respetar los valores de la democracia.
- Saber defender los derechos humanos y conservar el medio ambiente.

Los diferentes problemas sociales que aquejan a nuestra comunidad son parte esencial de esos currículos. Los profesionales de la educación pueden apreciar desde la clase hasta qué punto incide en los niños el estado de desarticulación social y familiar que vivimos.

En el mejoramiento de nuestra sociedad deben participar, además de la escuela, todos los recursos humanos e institucionales de que dispone la comunidad para atender las necesidades y resolver los problemas. Esto es lo que se conoce como *Prevención Comunitaria.*

Los temas preventivos en general preocupan a la familia, sin saber la mayoría de las veces, que la mejor *Prevención Familiar* parte de un clima de confianza y comunicación que permita abordar todas las inquietudes que se van presentando a los niños en su proceso de crecimiento y desarrollo.

En la *Prevención Escolar* los docentes descubren que su maestría es también un instrumento sumamente valioso que se concreta a través de la relación personal que tienen con sus estudiantes y que, al igual que en la Prevención Familiar, tiene como principal privilegio lo cotidiano y como principal obligación el tener continuo y permanente contacto con los niños y adolescentes.

Los objetivos principales de este libro *Fundamentos para la Prevención son:*

1. Afirmar en los maestros la conciencia respecto a su rol de "agentes naturales de la prevención escolar" fortaleciendo aún más su compromiso educativo con los estudiantes.

2. Facilitar información sobre las diversas estrategias educativas aportando una formación objetiva sobre los temas a tratar.

El *aprender a tomar buenas decisiones* es el objetivo primordial de la prevención. Por ello este libro, están tratados como instrumentos que complementen la tarea preventiva de los maestros intentando lograr lo siguiente:

- Que el alumnado, de acuerdo con su creciente capacidad, reflexionen sobre las realidades que conforman el ambiente donde crecen y se desarrollan.

- Que comprendan la necesidad de optar por estilos de vida saludables que les permitan mantener un correcto bienestar físico, psíquico y social.

- Que participen activamente en la conformación de una actitud social responsable.

Nuestra intención con este libro no es otra que aportar prácticas concretas en términos de prevención, para hacer cumplir la máxima "Más vale prevenir que curar". Creemos firmemente que con un buen programa preventivo, se evitarían muchos de los problemas que aquejan a nuestro sistema educativo y este ha sido nuestro sino.

Es una obra dedicada a los docentes, que por supuesto enriquecerán con sus experiencias personales y con su continua dedicación al magisterio, pero si algo de lo contenido en estas páginas puede ayudar a paliar algún maltrato, un embarazo no deseado en edades tempranas, contagio de alguna enfermedad de trasmisión sexual, algún ataque a nuestra naturaleza etc... Todas las horas invertidas en su elaboración y el esfuerzo que nos ha supuesto estarán compensadas con creces.

Guillermo de Castro Maqueda
Macarena Rivero Vila

ÍNDICE

CAPÍTULO 1. ¿Por qué empezar la prevención desde la educación infantil? ...11

CAPÍTULO 2. Prevención ...17

CAPÍTULO 3. La Prevención dentro de la Comunidad Escolar ...21

CAPÍTULO 4. Elaboración de Programas de Prevención ...31

CAPÍTULO 5. Crecimiento y Desarrollo Integral ...37

CAPÍTULO 6. Vida Familiar ...49

CAPÍTULO 7. Vida Comunitaria ...59

CAPÍTULO 8. Ejercicio, Nutrición e Higiene ...67

CAPÍTULO 9. Prevención de Enfermedades. Control de Medicamentos ...77

CAPÍTULO 10. Inicio de una correcta educación sexual ...81

CAPÍTULO 11. Seguridad, Prevención de Accidentes ...89

CAPÍTULO 12. Prevención sobre consumo de drogas legales ...97

CAPÍTULO 13. Prevención de la Violencia ...113

CAPÍTULO 14. Prevención de Daños al Medio Ambiente ...121

CAPÍTULO 15. Educación en el Consumo ...137

CAPÍTULO 16. Uso Correcto de la Tecnología ...143

BIBLIOGRAFÍA ...149

CAPITULO 1

¿Por qué empezar la prevención desde la educación infantil?

"La manera de practicar la educación, el propio modo de interpretarla, varía sistemáticamente en la misma medida en que se modifican sus usos sociales".

Julio Barreiro
"Educación popular y proceso de concientización"

Porque en Prevención lo importante es comenzar cuanto antes...

Nuestras sociedades en la actualidad presentan una serie de características que ha tomado de sorpresa a muchos adultos. Por esta causa los niños y niñas pueden sentirse desorientados o confundidos al tener que vivir experiencias para las que no están preparados y preparadas previamente por aquellos que tienen la responsabilidad de formarlos.

Una vez más, la escuela debe aceptar el desafío de ofrecer conocimientos y habilidades que capaciten socialmente a los alumnos para enfrentar la vida que les toque vivir, complementando, y muchas veces remplazando, en esta tarea a la familia.

La mejor prevención dentro del proceso que significa un crecimiento integral está dada por el desarrollo de un pensamiento crítico unido a la interiorización de unos conceptos preventivos que influirán positivamente en la elección de estilos de vida saludable y en la comprensión del medio ambiente que rodea a la persona.

Este libro *Fundamentos para la Prevención* intenta ofrecer un panorama sobre diversos aspectos sociales que se deben tener en cuenta para poder realizar una labor preventiva eficaz. Los dos ejes esenciales sobre los que debe girar todo currículo de educación preventiva son: la socialización, como adquisición de pautas de convivencia, y el estímulo de procesos evolutivos.

Este libro se ha elaborado a base de *Componentes*, los que pueden ser incorporados en forma *transversal* en cualquier oportunidad que den los currículos o en cualquier ocasión que se presente en el quehacer cotidiano de los estudiantes.

Estos Componentes son:

- Prevención para un correcto crecimiento y desarrollo integral de la persona.
- Prevención para una vida familiar enriquecedora.
- Prevención para una vida comunitaria responsable.
- Prevención de la salud educando en nutrición e higiene y en la necesidad del ejercicio físico.
- Prevención de enfermedades y control de medicamentos.
- Sexualidad y prevención de SIDA.
- Prevención del uso y abuso de tabaco, alcohol y otras drogas.
- Prevención de la violencia.
- Prevención del medio ambiente.
- Educación en el consumo.
- Uso correcto de las nuevas tecnologías.

La enseñanza, dentro del ámbito escolar, de las destrezas contenidas en cada uno de los mencionados componentes, confiere a los maestros, un status de mediadores sociales complementario al que ya tienen como educadores, acercándolos aún más a la realidad personal, familiar y social de sus estudiantes.

Este primer capítulo tiene carácter introductorio. Los tres siguientes intentan reforzar en los maestros la conciencia de su rol preventor ofreciéndoles capacitación y recursos sobre la prevención en general.

2 - *Prevención*

Concepto de Prevención
Modelos y estrategias preventivas en general
Habilidades sociales: concepto y aprendizaje

3 - *La prevención dentro de la comunidad escolar*

El rol de los maestros y maestras como agentes preventivos.
La comunidad escolar como agencia de prevención.
Recursos educativos:

- Establecer la comunicación.
- Educar para la salud.
- Reforzar la autoestima.
- Retorno a la pedagogía de los valores.

Ventajas de la Prevención Escolar
Alternativas para incorporar a la clase los conceptos de prevención

4 - *Elaboración de Programas de Prevención*

- Planificación
- Diseño
- Dificultades

Los doce que restan recopilan información sobre los temas inherentes a cada uno de los componentes sobre los cuales es necesario formar y prevenir ya que ignorados o mal enfocados, pueden acrecentar los conflictos o prestarse a controversias.

5 - *Crecimiento y desarrollo integral*

Jerarquía de las necesidades según Maslow
Etapas del desarrollo según Erikson
Características del niño de Educación Infantil

- Físicas
- Psíquicas
- Emocionales
- Características del lenguaje

6 - *Vida familiar*

Diversos tipos de familia
La mejor prevención se hace en la familia
Importancia del estilo de vida familiar
Las figuras materna y paterna
Una sana educación acaba con los estereotipos
Influencia de las relaciones de los padres
Familias en riesgo - crisis familiares
En caso de reuniones con los padres y las madres
Mensaje a los padres y madres (Para ser transmitidos en forma positiva)

7- Vida comunitaria

¿Qué se entiende por comunidad?
Una sociedad con infinitos riesgos
Incorporación del los niños de educación infantil a la vida
Comunitaria.
Valores sociales al alcance de los niños de este nivel educativo.
Factores que pueden influir en los procesos de socialización de los niños de este nivel escolar.

8- Ejercicio, Nutrición e Higiene

El ejercicio y la buena condición física
Alimentación y nutrición
Higiene del cuerpo
Higiene bucodental

9- Prevención de enfermedades y control de medicamentos

Enfermedades transmisibles
Concepto de inmunización - Vacunas
Enfermedades no transmisibles
Animales domésticos - Cuidado de los mismos- Transmisión de Enfermedades.
Medicamentos: uso correcto

10- Inicio de una correcta educación sexual

Información sexual
Educación sexual
Lo que los maestros de Educación Primaria deben saber sobre VIH/SIDA
Lo que los niños de Educación Primaria deben aprender sobre VIH/ SIDA

11-Seguridad, prevención de accidentes

Importancia de la seguridad infantil
Características de los accidentes sufridos por los niños de Educación Primaria
Circunstancias que condicionan los accidentes infantiles a esta edad
Prevención de accidentes en la infancia
Estrategias de intervención.

12-Prevención sobre consumo de drogas legales (tabaco y alcohol)

Información para los maestros sobre el cigarrillo:

- Componentes nocivos del humo del tabaco.
- Patologías asociadas al consumo de tabaco.
- Efectos y consecuencias a corto y largo plazo del uso del tabaco en el organismo humano.
- La importancia de discriminar desde temprana edad el uso del tabaco.

Información para los maestros sobre el alcohol:

- La droga legal más extendida en la sociedad.
- El alcohol no es inofensivo.
- Efectos y consecuencias a corto y largo plazo del consumo de alcohol en el organismo.
- Énfasis en el consumo de bebidas naturales para evitar desde la infancia el consumo de alcohol.

Información para los maestros sobre otras drogas legales:

- Medicamentos.
- Inhalantes.

Información para los maestros sobre drogas ilegales:

    a) Cannabis – Marihuana.
        Efectos físicos y psicológicos

    b) Cocaína.
        Efectos a corto y largo plazo.
        Problemática actual.

    c) Heroína.
        Efectos a corto y largo plazo.
        Problemática actual.

    d) Alucinógenos.
        Efectos físicos.
        Efectos psicológicos.

    e) Drogas de Síntesis.

    f) Politoxicomanía.

13 - Prevención de la violencia

- Maltrato Infantil.
- ¿Qué es maltrato infantil?.
- Clases de maltrato.
- Detalles a tener en cuenta que pueden significar maltrato.
- Solución de conflictos en la familia, en la escuela y en la sociedad.

14 - Prevención del Medio Ambiente

- Hacia una sociedad ecológica.
- Respeto por la naturaleza toda.
- Concepto de reciclaje.
- Voluntariado ambiental.

15- Educación en el Consumo

- Patrones de consumo.
- Influencia de la publicidad y los medios de comunicación.

16- Uso correcto de la tecnología y nuevas tecnologías

- Los aparatos eléctricos y los niños.
- La televisión y el desarrollo infantil
- El ordenador y el desarrollo infantil
- Los juegos de ordenador y electrónicos
- El ordenador e internet en el desarrollo infantil.

Todos los capítulos constan de dos partes.

1. El *Objetivo General* que se pretende lograr en el desarrollo de cada componente

2. Las *Diversas consideraciones para el educador* que le servirán para:

- Planificar la tarea teniendo en cuenta el objetivo general del capítulo a tratar.
- Organizar una secuencia didáctica acorde con el nivel de los estudiantes, teniendo en cuenta su nivel evolutivo y el ambiente en que viven.
- Actualizar y enriquecer la formación de los docentes, no para que estos conocimientos sean transmitidos a alumnado, sino para que les sirvan de fundamento para organizar nuevas actividades que estén de acuerdo con las necesidades de los mismos.

CAPITULO 2

Prevención

"La educación es la organización de hábitos de acción capaces de adaptar al individuo a su medio ambiente social"

William James

OBJETIVO GENERAL

Despertar en los docentes la inquietud de profundizar actividades de prevención dentro del marco educativo haciendo que la misma tenga un *carácter transversal* para todos los currículos en todos los niveles, evitando incluirla como nueva asignatura ni como tema específico de alguna de las ya existentes, sino como tema globalizador que permita el aprendizaje de todo lo que se considere comportamientos positivos en diferentes situaciones.

Diversas consideraciones para reflexión del educador

Concepto de Prevención

La prevención consiste en anticiparse a un fenómeno que va a ocurrir o, como en muchos de los temas presentados en esta colección, está ocurriendo ya.

La multiplicación de los mismos origina diversos y difíciles problemas sociales que no tienen inmediata solución pero que, educando sobre ellos desde temprana edad pueden promover comportamientos positivos que representen a largo plazo una mejor calidad de vida para los seres humanos.

La etimología de la palabra *prevenir* significa, como ya se ha dicho: *antes de venir,* se trata de actuar para que el problema no aparezca o al menos disminuya sus efectos.

Parafraseando una declaración dada por la UNESCO en materia de prevención en 1974 podemos decir que es *"la puesta en acción de los medios apropiados para impedir la aparición de un conflicto en los individuos o en la sociedad en general"*

Modelos y Estrategias preventivas en general

Las acciones preventivas se pueden ejercer a diferentes niveles.

Prevención primaria:

Trata de evitar la aparición del problema o conflicto concienciando a padres y docentes sobre las necesidades de la prevención, para que a su vez, la transmitan cuanto antes a los que recién empiezan a vivir.

Prevención secundaria:

Tiene como objeto descubrir y acabar con el trastorno, conflicto, proceso o problema lo antes posible, ofreciendo respuestas adaptadas a las necesidades de las personas implicadas.

Prevención Terciaria:

Pretende detener o retardar la evolución del trastorno, conflicto, proceso o problema y de sus consecuencias futuras en los individuos

Tener en cuenta estos niveles de prevención nos ayuda a planificar las experiencias educativas más adecuadas a cada situación y a cada tema a tratar.

Los objetivos, contenidos y actividades son diferentes para cada nivel de prevención, aunque, tampoco podemos hacer una división dramática de los mismos, dado que están en permanente y mutua interrelación

En líneas generales podemos decir que los objetivos que la educación se propone al actuar como instrumento preventivo, se transforma a su vez en verdaderas estrategias de acercamiento preventivo a la comunidad, a saber:

- Transmitir y distribuir una información básica sobre el tema que se intenta tratar.
- Promover una mejor comprensión del problema.
- Proponer soluciones y alternativas capaces de responder a las necesidades de los individuos.
- Establecer mecanismos para que el profesorado reciban una formación en cada tema a prevenir.

- Tener en cuenta la realidad en la que vive el individuo sujeto de la prevención y las relaciones que establece con su medio cultural, social, familiar, religioso, escolar y recreativo.

Habilidades sociales: concepto y aprendizaje

Las habilidades sociales que necesita adquirir el individuo que comienza a desarrollarse en sociedades conflictivas como son la mayoría de las sociedades en el mundo de hoy, están en directa relación con la cultura en la que está inmerso.

Aunque en occidente tengamos diversas formas de vida y diferentes costumbres específicas en cada país, hay unos patrones comunes sobre los que nos podemos basar para que, adaptadas a cada ámbito social, podamos inculcar en los niños unas **habilidades** que le puedan simplificar su paulatino ingreso a la sociedad.

Planteada así la cuestión podemos definir a las *habilidades sociales* como:

> "El conjunto de estrategias que permiten al individuo alcanzar su madurez como persona disminuyendo la posibilidad de que los problemas y conflictos imperantes en la sociedad le impidan lograrlo".

Básicamente las habilidades sociales posibilitan la ecuación *formación-cambio de actitudes* convirtiendo esta ecuación en la esencia del mensaje preventivo.

El tratamiento de todos los temas preventivos presentados en este libro están directa o indirectamente dirigidos a conseguir el desarrollo de estas habilidades.

A saber:

- Aumentar el nivel de información sobre conductas de salud enseñando al niño la relación que existe *entre lo que hacen y como se sienten.*
- Entrenar en estrategias de *enfrentamiento a la presión social.*
- Entrenar en estrategias de *autocontrol específico:*

    ❖ Hábitos de estudio
    ❖ Hábitos de alimentación
    ❖ Hábitos de higiene
    ❖ Hábitos de actividad física
    ❖ Hábitos de ocio

- Fomentar *conductas contrarias al uso de drogas legales e ilegales.*
- Contrarrestar *factores que precipiten el fracaso escolar.*
- Enseñar *toma de decisiones.*
- Enseñar *habilidades de enfrentamiento al estrés.*
- Enseñar sobre la necesidad de *identificar sentimientos*
- Enseñar *habilidades de comunicación*

La importancia de estas dos últimas habilidades no es sólo posibilitar la comunicación a nivel social. En determinados casos el "saber comunicar" sentimientos puede ser la diferencia entre un problema que al ser consultado, tiene la posibilidad de recibir ayuda oportuna.

Sin embargo un problema vivido en secreto puede destruir la vida de una persona, como en casos de alcoholismo familiar, relaciones sexuales tempranas, embarazos adolescentes, maltratos varios, incesto, violaciones, etc.

CAPITULO 3

La Prevención dentro de la Comunidad Escolar

"Todos necesitamos un puente"
James Dillet Freeman

OBJETIVO GENERAL:

Reafirmar en el profesorado la convicción que con su quehacer pedagógico cumplen el papel de mediador personal entre el estudiante y la sociedad, poniendo a los estudiantes en contacto crítico con la realidad, comenzando por la más cercana, para evidenciar sus contradicciones y sus disfunciones y provocar así la necesidad de actuar sobre ella para preservarla o cambiarla.

Diversas consideraciones para reflexión del educador:

El rol de docentes como agentes preventivos:

Los docentes están acostumbrados a los "Cursos de Educación Permanente" que con mayor o menor frecuencia, impacto y asistencia ofrece el sistema educativo para mantener la actualización profesional.

En materia de Prevención la capacitación no puede tratarse de una mera prolongación de la educación tradicional.

Implica un conjunto de nuevas aproximaciones a elementos esenciales en la vida de cada uno de los estudiantes que el profesorado podrán hacer, en la medida que se conciencien que su rol necesita en la actualidad de un pluralismo que no se limita a instruir y disciplinar.

La figura del docente es entonces para los estudiantes mucho más que aquel que enseña asignaturas y supervisa la conducta. Se convierte casi siempre en su amigo a amiga y confidente ya que al tratar estos temas se establece una intimidad que propicia positivamente la comunicación interpersonal, fundamento de toda tarea preventiva.

El profesorado de "alma joven" no tienen dificultad en asimilar los profundos cambios que ha habido sobre los conceptos tradicionales de la educación y lo asumen sin temor a perder autoridad o prestigio.

Se fundamentan en la certeza, que la verdadera autoridad no es la jerárquica sino la autoridad moral que tienen con sus estudiantes por la comprensión y capacidad de entrega que les demuestran, sobre todo cuando están en dificultades.

Cuando comienza a trabajarse con visión preventiva es cuando en las comunidades escolares se evidencia lo difícil que es romper barreras mentales cimentadas en conceptos superados que dificultan o impiden, en algunos adultos, todo intento de superación.

Esto se pone aún más de manifiesto cuando por las razones que sea las autoridades escolares abogan por la ortodoxia en el trato con los estudiantes o cuando debe tomarse contacto con padres de "alumnado conflictivo".

En ambos casos se percibe con frecuencia una resistencia, a veces inconsciente, en las personas que afirman que "ya están hechas así".

El verdadero educador, es un profesional en permanente proceso de formación y realización que busca por sí mismo los medios para una permanente actualización. Convirtiéndose en un autodidacta continuo, asume la iniciativa y el control de su propio proceso de educación continuada.

Los sociólogos opinan que los sistemas educativos son los que muestran mayor tendencia a las crisis en los períodos de la historia en que se producen cambios acelerados. Se atribuye esto a su carga de tradición y a su engranaje estructural, que se convierten en lastres que les impiden avanzar al ritmo de los acontecimientos.

A pesar de los esfuerzos que las autoridades del sistema educativo de un país puedan hacer por la actualización del mismo, se corre el riesgo que muchos docentes se queden rezagados debido a esta visión paralizadora, que no es otra cosa que miedo al cambio.

Philip H.Coombs en su obra *La Crisis Mundial de la Educación* cuenta que un maestro observador decía: - *Primero nosotros damos forma a nuestros edificios y luego, ellos nos dan forma a nosotros.* Hay mucho de verdad en ello.

Es por eso que, insistimos, el profesorado de hoy que deseen ayudar a sus estudiantes a superar las graves contradicciones que existen en los ambientes familiares, escolares y sociales de este principio de siglo deberán ser un profesionales que se sientan artífices del futuro.

> "Sea cual sea la evolución que tome la sociedad, la tarea es convocar a sus integrantes a una mayor vigilancia crítica, a la tolerancia ante la pluralidad de opiniones y opciones, al trabajo en equipo, a la resistencia interior a las agresiones de la vida moderna, al reconocimiento y utilización positiva de las tensiones y a la participación en los propios procesos de educación permanente"
>
> *"El Desafío de ser Educador"* Alfredo Morales

La Comunidad Escolar como Agencia de Prevención:

La convicción de la importancia que tienen los programas de **Prevención Escolar** está fundamentada en el enorme potencial que de por sí tiene la escuela como agencia de prevención.

La oportunidad que ofrece como espacio en el que las personas pasan muchos años de su vida, debe aprovecharse para la enseñanza de conductas positivas y saludables dirigidas a que el alumnado de forma paulatina, se vayan convirtiendo en artífices de su propio destino, a pesar de las realidades sociales en las que estén inmersos.

La premisa de la que hay que partir cuando se trabaja en prevención escolar es que el proceso educativo, por medio de sus instituciones, consiga que desde los años preescolares las personas desarrollen actitudes y hábitos positivos, habilidades sociales y valores permanentes, orientándolo todo hacia una vida de plena realización.

Como resultante los niños correrán menos riesgos, los adolescentes tendrán menos conflictos, la juventud se tendrá en alta autoestima y los adultos serán capaces de marcar acertadamente los senderos de las nuevas generaciones.

Esta premisa, por utópica que parezca, debe ser el aliento de las actuales generaciones de educadores y de las instituciones donde trabajan ya que, trabajar en prevención es *trabajar para el futuro*, y esto es lo difícil de interiorizar por el *aquí y ahora* que caracteriza a nuestras sociedades.

Recursos Educativos:

Establecer la comunicación:

Uno de los fenómenos del presente es el auge de los medios de comunicación que producen la incongruencia de florecer en sociedades que tienen cada vez más problemas para la intercomunicación personal.

La mejor forma de establecer la comunicación es *sabiendo escuchar*, esto propicia el diálogo y mantiene un ambiente de confianza para que el grupo expresen sus inquietudes y problemas.

La comunicación no es meramente una dinámica psicológica propia de la naturaleza humana, la comunicación no se inventa, se recibe, es un *don* otorgado a aquellos que les interesa escuchar a los otros. Se puede aprender la comunicación por medio de libros o de cursos específicos pero las personas que establecen buena comunicación son aquellas a quienes *les interesa el otro*.

El término *feed-back* fue acuñado por los profesionales anglosajones de los medios de comunicación para referirse al eco que encuentra la señal enviada por el emisor que a su vez percibe el nivel de escucha, el tipo de reacción y la evolución de la respuesta. Los niños, niñas y adolescentes tienen una sensibilidad especial para percibir este *feed-back* en los adultos.

Tratando acerca de las grandes líneas de la comunicación escribe el teólogo James Jon:

"La esencia de la verdadera comunicación es aquella que conduce a la comunión...
En otras palabras, los dos interlocutores entran en comunión el uno con el otro... no sólo oyéndose, sino comprendiéndose y respondiéndose...
Comulgan el uno con el otro y se hacen amigos".

Educar para la Salud

En 1978 en Alma Ata, ciudad capital de la República de Kazajstan que entonces aún formaba parte de la antigua U.R.S.S. la OMS (Organización Mundial de la Salud) definió la salud como *un estado completo de bienestar físico, psíquico y social, que no consiste sólo en la ausencia de enfermedad* y además consideró a la salud como *un derecho fundamental que exige la intervención de todos los sectores sociales y económicos, además de los ya específicos de salud, y en cuya planificación el pueblo tiene el derecho y el deber de participar individual y colectivamente.*

Años después, en 1986 la misma OMS en la llamada *Carta de Ottawa* para la promoción de la salud, declara, *la salud se contempla como un recurso para la vida cotidiana. Se trata de un concepto positivo que potencia tanto los recursos personales y sociales como la capacidad física de los individuos.*

De ambas declaraciones se infiere que la salud es:

- Un valor
- Un derecho
- Un deber del individuo
- Una obligación de la sociedad
- Un concepto integral (físico, psíquico y social)
- Una forma de vida

La educación es un proceso vital de formación que desarrolla en el ser humanolos valores necesarios para llegar a ser una persona autónoma, responsable y capaz de convivir en una sociedad.

Debemos entender la salud como una manera de vivir, a través de la cual, el sujeto va desplegando sus posibilidades, logrando al mismo tiempo su realización, reduciendo al mínimo sus limitaciones físicas, mentales y sociales.

De las dos aseveraciones dichas anteriormente podemos deducir que tanto la educación como la salud tienen un objetivo común: *Preparar al individuo para alcanzar la plenitud tanto a nivel físico y mental como en el plano afectivo y social.*

Incorporar la *Educación para la Salud* en el ámbito escolar exige, no tanto la incorporación de nuevos conocimientos, sino un nuevo enfoque para trabajar desde las diversas áreas que componen el currículo.

Para que la Educación para la Salud sea eficaz es necesario que, desde los años de infantil, se ofrezca en forma continuada y sin interrupciones contando con la activa participación de todos los miembros de la comunidad escolar.

Reforzar la autoestima:

El profesorado tiene un papel fundamental en el refuerzo de la autoestima del aula en la educación infantil y una gran responsabilidad porque, después de los padres, son los adultos con los que están más tiempo y que más puede influir sobre ellos.

Tiene muchísima importancia la forma en que los alumnos superan los primeros años de la vida escolar ya que una experiencia negativa puede afectarles incluso, el futuro académico

La escuela marca grandes cambios en ellos, su más tierna infancia transcurre en familia, sin horarios estrictos, sin asignaciones, entregados a sus juegos, libres de comenzar y terminar cuando quieran y, de pronto, se encuentran ante la primera importante responsabilidad que les presenta la vida.

El alumnado de Educación Infantil al comenzar la escuela, pueden sentirse *extraños* en una situación nueva que les impone deberes que cumplir, por sencillos que éstos sean. La experiencias de esta etapa, tanto las buenas como las malas, tanto los éxitos como los fracasos comienzan a forjar su futuro.

El fracaso del primer año no es sólo un fracaso aislado, puede convertirse en un fracaso típico, modelo de los futuros. Con mucha frecuencia el que funciona así desde el principio viene a ser luego el *repetidor* de cursos.

Muchas familias ofrecen a sus hijos e hijas la seguridad que necesitan, les dan fuerzas, les ayudan, los elogian y en caso de fracaso les consuelan. Pero, también hay familias que, por diversas razones, no ofrecen la seguridad que los niños necesitan para cimentar el principio de su existencia.

Ignorancia, abandono, malos tratos físicos y/o psicológicos, adicciones de los padres, una exagerada sobreprotección, etc. dan como resultados, estudiantes conflictivos que llegan a la escuela con una muy baja autoestima.

Tanto en uno como en otro, los docentes deben continuar, o comenzar a otorgar, la seguridad que todo niño y niña necesita ofreciéndole una atención personalizada para que en ningún momento se sienta *masa*, sino *persona.*

El profesorado de Educación Infantil tienen que evitar todo aquello que pueda conducir a un fracaso y para ello, además de comprender la diferente personalidad y capacidad de entendimiento que cada niño tiene, deben esmerarse en cubrir sus individuales necesidades emocionales.

Estas son:

Amor:

Comunicar frecuentemente su cariño. Una palmadita en el hombro, una caricia en el pelo, un beso o abrazo inesperado pueden hacer maravillas en la relación maestro -estudiante.

Aceptación:

Elogiar siempre sus logros no haciendo hincapié en los fracasos. Aceptarlo como es, nunca imitarlo ni ridiculizarlo y mucho menos criticarlo delante de los demás. La disciplina es más efectiva cuando va unida al respeto.

Motivación:

Alabar sus esfuerzos es garantía de que quiera aumentarlos o que no tenga miedo de hacer otra tentativa para lograrlos. La mejor motivación no se hace a través de regalos, el premio más apreciado por los niños es, que se confíe en nosotros.

Que los estudiantes se sientan apreciados, amados y seguros en la escuela es responsabilidad de **toda** la comunidad escolar. Hay que estar bien atento a los abusos que con ellos puedan cometer estudiantes de cursos superiores

Pedagogía de los Valores:

El grupo, ante todo, captan de sus maestros sus ***cualidades humanas***, y reconocen cuando su maestro en la escuela es además maestro de "humanidad".

Esto queda de manifiesto cuando, sumado a los conocimientos, les transmite afecto, respeto, comprensión, rectitud de espíritu, equilibrio en los juicios, paciencia en la escucha, calma en las respuestas y disponibilidad al coloquio personal.

Los profesores y profesoras que poseen una visión positiva del universo, de la naturaleza, del hombre, y su vida es consecuente con ella, consiguen motivar a los estudiantes a imitarles.

Sólo los docentes que *vivan* una vida con valores serán capaces de *transmitirlos eficientemente* pues serán un ejemplo permanente de la función que cumplen los mismos en la vida de cada uno:

- Son patrones que sirven de guía.
- Orientan en situaciones concretas cuando se tienen dudas para elegir o decidir.
- Mediatizan la opinión que nos formamos de los demás y de nosotros mismos.
- Son necesarios a la hora de resolver conflictos.
- Sirven para mantener y aumentar la autoestima.

La pedagogía de los valores permite que los estudiantes se instalen en el umbral del *mundo trascendente* ya que hace referencia a una realidad no verificable por los sentidos ni por la lógica de la razón.

Los valores no existen como realidades aparte del ser humano y de las cosas, sino como la valoración que el ser humano hace de las cosas mismas.

Los valores no existen con independencia del ser humano y de las cosas, sino que se confunden con ellas, constituyen su esencia. La sensibilidad de la persona ha de servir para descubrirlos y descifrar porqué una cosa es buena.

Descubrir los valores le es posible solamente al que mira positivamente el mundo y su entorno, el que ha comprendido que todo lo que existe es por algo y para algo, que cualquier ser o cosa por pequeña que sea, tiene sentido y razón de ser y que *todo ser tiene valor*.

Los valores no existen con independencia unos de otros sino que tienen entre sí una lógica subordinación de acuerdo a la apreciación que hace de ellos la persona, quién los va ordenando en una *escala interior* que será quien los guíe en la vida. Es por eso que hablamos de una alta, baja o inexistente escala de valores.

La persona que va aumentando su escala de valores irá comprendiendo que hay algunos que deberán ser sacrificados para adquirir valores más altos: por ejemplo que el dinero debe servir a la persona y no la persona al dinero, que se debe trabajar para vivir y no vivir para trabajar, que son más importante las personas que las cosas materiales, que se puede renunciar a algo que queremos por ofrecerle un poco de felicidad a alguien.

La Pedagogía de los Valores al igual que la Educación para la Salud tiene también un carácter transversal en todo el currículo académico, es por eso que limitarlos a la clase de atención educativa, religión o moral es *desvalorizarla* ya que debe estar presente en la actitud de todos los docentes y en la forma de transmitir todas las áreas.

Ventajas de la Prevención Escolar

- Se promueve visión y sentido de comunidad dentro de la institución.
- La atención de la prevención está centrada en los estudiantes.
- Se enfatiza sobre lograr éxito en la vida en base al refuerzo de la autoestima, la apreciación de los valores y el asumir los compromisos que se vayan presentando.
- Conciencia a los maestros y maestras sobre la necesidad de ejercer su labor de una forma relevante y no mecánica y burocráticamente.

- Reduce la necesidad de creer que para prevenir se debe contar con "expertos" de cada tema sobre los cuales se intenta hacer algo.
- Aumenta las oportunidades de relaciones positivas entre los miembros de la comunidad escolar pues cada uno sabe que la Prevención es *tarea de todos.*
- Promueve la satisfacción de los estudiantes hacia la comunidad educativa.

CAPITULO 4

Elaboración de Programas de Prevención

"Los buenos maestros deben convertirse en una fuerza mayor del desarrollo social, participando en asuntos importantes para mejorarlas comunidades a las que pertenecen. Tanto los maestros como los salones de clase deben convertirse en parte integral del proceso de transformación que necesita la sociedad"

Philip H. Coombs
"La Crisis Mundial de la Educación"

OBJETIVO

Aprender que un programa es la elaboración de un conjunto de actuaciones que, relacionadas entre sí, van en pos de una meta.

Diversas consideraciones para el educador

Básicamente, el proceso de diseñar un programa de prevención, consiste en poner en marcha procedimientos que permitan racionalizar y ordenar previamente aquello que se pretende hacer para alcanzar los objetivos propuestos.

Planificación:

Son pocos los países donde ya se han elaborado diseños curriculares globales en materia de prevención. Sin embargo los docentes ven ya la necesidad de contar con ellos.

Siguiendo las directrices de las autoridades del sistema educativo en materia de salud pueden abundarlas con publicaciones preparadas por editoriales o con materiales y folletos que distribuyen diversas organizaciones o fundaciones sin ánimo de lucro.

El presente trabajo pretende ser un apoyo a los centros escolares, a los profesores en general, para que dispongan de un material que, respetando los currículos propuestos por el Departamento de Orientación a través de diferentes programas, pueda ser utilizado en actividades prácticas de prevención, que sirva como guía de clase y que permita estructurar las labores preventivas con una base concreta.

En la planificación de un programa de prevención deben intervenir los siguientes procedimientos:

- Identificación de problema.
- Enunciado de objetivos.
- Elección de metodología.
- Identificación de los destinatarios.
- Selección de los recursos.
- Diseño de actividades.
- Evaluación

Diseño:

Para el diseño del programa de prevención los docentes deben preguntarse:

¿Por qué debo hacerlo? (Identificación de los problemas)

- Casi siempre la motivación principal de elaborar un programa es saber que los problemas ya existen en nuestra sociedad. Recordemos que la escuela es parte de ella.
- Esta es la razón por la que se propicia la implementación de programas preventivos desde educación temprana pues se cumple lo que es la verdadera prevención *anticiparse a los problemas.*

¿Qué quiero conseguir? (Objetivos)

- Se deben tener objetivos y metas realistas planificando de acuerdo a los recursos humanos y materiales que se dispongan.
- Hay que evitar exageradas y ambiciosas aspiraciones que puedan transformarlo en algo imposible de llevarlo a cabo.
- La mejor forma de hacerlo viable es establecer prioridades.

¿Cómo lo voy a hacer? (Metodología)

- El proceso a seguir debe ser sistemático y continuo, provisto de los recursos necesarios que aseguren una actuación responsable. La improvisación puede dar lugar a errores difíciles de corregir.
- Ha de formar más que informar, la información sola no protege.
- El acercamiento de alumnado al tema de prevención elegido debe hacerse con prudencia y respeto sin crear curiosidad innecesaria.

¿A quién la voy a dirigir? (Características de los receptores del programa)

El programa de prevención tiene que estar adaptado a las edades y niveles del grupo a los que va dirigido teniendo en cuenta el entorno en que viven.

No tienen las mismas realidades los estudiantes que viven en el campo que los que viven en pueblos o los que viven en las grandes ciudades.

La vida no es igual para los niños y niñas que viven en los lugares con los cambios de estaciones y temperaturas bruscas, que los que viven en zonas con clima cálido todo el año.

Las características varían también según las muchas, pocas o ninguna actividades sociales, culturales y/o laborales, que se desarrollen en el pueblo o ciudad donde habitan.

Una ciudad industrial donde las fábricas proveen de trabajo a sus habitantes en forma permanente, no es lo mismo que los pueblos o ciudades que viven del turismo y necesitan en pocos meses obtener los recursos para todo el año.

Por último, los docentes deben tener en cuenta la estructura familiar y los recursos económicos de sus estudiantes, procurando no hacer recomendaciones que las familias de los niños no estén en condiciones de cumplir.

En el capítulo 6 sobre **Vida Familiar** abundamos sobre la *marginación interior* que sienten los niños y niñas que no viven dentro de la *familia ideal*, sea por la composición de la misma o por el nivel emocional y/o cultural que tengan los adultos que tienen la responsabilidad de dirigirlas.

Correcta higiene y acertada nutrición son muchas veces deficientes en familias que no le dan la importancia que ambas tienen. Los profesores deben enfatizar en estos aspectos cuando lo estimen necesario porque muchas veces a través de la escuela se logra hacer el camino inverso. Los estudiantes llevan el mensaje recibido a sus progenitores o responsables que cuidan de ellos, los que quizás, no tuvieron oportunidad de aprenderlo en su infancia.

Respecto a los desniveles culturales y económicos los maestros deben explicar que todo ser humano debe aspirar a mejorar y por eso es tan importante estudiar y prepararse para el mundo del trabajo ganando el dinero honradamente.

¿Con qué o quién puedo contar? (Recursos)

Los recursos sean humanos o materiales deben ser seleccionados en forma realista para que no dificulten o demoren la puesta en marcha del programa. Ej.: No incorporar videos a la programación si éstos no han sido previa y cuidadosamente seleccionados o no se cuenta con la tecnología apropiada.

Recuerde que los protagonistas para llevar adelante un programa de prevención son *los maestros de la escuela*. No invite *especialistas* a dar "una charla". La información y formación en prevención la deben recibir previamente los maestros para que sean ellos (que conocen bien a los estudiantes) quienes transmitan lo recibido cuando lo consideren oportuno.

¿En qué va a consistir? (Actividades)

Teniendo la guía que significa este libro *Fundamentos para la Prevención el profesorado* puede seleccionar las actividades que ya están en los diferentes currículos propuestos por el Departamento de Orientación, y que puedan ser de utilidad para el programa de prevención que esté diseñando o que ya haya diseñado (autoestima, relaciones familiares y comunitarias, salud, valores, alimentación, higiene, protección del medio ambiente etc.) son temas importantes en todo programa de prevención.

Cualquier otro material que se quiera incorporar a programas de prevención debe ser considerado en términos experimentales y someterlo a una validación práctica desde sus primeras aplicaciones.

¿Qué pude conseguir? (Evaluación)

La evaluación observa una serie de procedimientos destinados a:

- Constatar lo que se ha hecho.
- Comparar lo que se ha hecho con lo que se quería hacer.
- Analizar si se han alcanzado o no las metas propuestas.
- Proponer correcciones y ajustes, facilitando la toma de decisiones.

Dificultades que puedan presentarse en el diseño de un programa de prevención en el ámbito escolar

- Ausencia de conocimientos precisos por parte de los maestros.
- Actitudes personales negativas que traen problemas a la hora de la aplicación del programa.
- Falta de recursos humanos y materiales.
- Carencia de una política educativa que aborde oficialmente el problema.

- Falta de precisión técnica en los programas de carácter pedagógico.

**ALTERNATIVAS PARA INCORPORAR
CONCEPTOS DE PREVENCIÓN EN LAS CLASES**

1.- Utilizar los momentos oportunos que se presenten

2.- Dedicar breves períodos de las clases durante el año para hablar de los temas sobre los cuales se quiere prevenir.
En esto consiste la transversalidad de la Prevención.

3.- Expresar las propias opiniones sobre los temas que se Traten.

4.- Apoyar la filosofía que tenga la institución sobre estos Temas.

5.- Cotejar su lenguaje personal y los ejemplos que utilice

6.- Su actitud frente a los temas a prevenir, debe estar acorde a lo que va a transmitir a los estudiantes.

CAPITULO 5

Crecimiento y Desarrollo Integral

*Podéis hospedar sus cuerpos, pero no sus almas
porque sus almas habitan en la casa del mañana
que no podéis visitar, ni siquiera en vuestros sueños...
Podéis esforzaros para ser como ellos; pero no intentéis
hacerlos como vosotros. Porque la vida no marcha hacia atrás,
ni se detiene en el ayer..."*

**Khalil Gibran
"Háblanos de los niños"- EL PROFETA**

OBJETIVO GENERAL

Que el alumnado comprenda y acepte positivamente los cambios que van experimentando a nivel físico, mental y emocional y la forma de integrarlos adecuadamente en el inicio de su vida social (ingreso a la escuela en Educación Infantil)

Diversas consideraciones para el educador:

Decir crecimiento y desarrollo integral involucra tratar no sólo la forma en que los alumnos y alumnas crecen físicamente, sino la madurez que psicológica y emocionalmente van adquiriendo.

Dado que en esta etapa de la vida el crecimiento y desarrollo físico, psíquico y emocional está íntimamente ligado a los adultos con los que convive y comparte su vida, creemos oportuno recordar la jerarquía de necesidades que tiene el ser humano, graficado en la Pirámide de Maslow que incluimos en este capítulo.

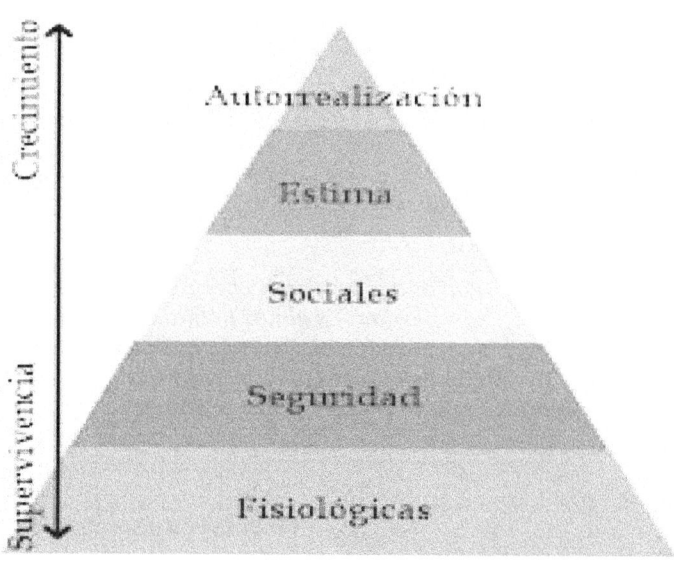

Jerarquía de las necesidades según Maslow

La salud y felicidad de la persona dependen de la forma en que ésta puede satisfacer sus *necesidades básicas,* es decir los requisitos que se deben atender para mantenerla viva promoviendo al mismo tiempo su crecimiento físico y mental.

El famoso psicólogo Abraham Maslow identificó una jerarquía de necesidades. Una jerarquía se parece a una pirámide, se comienza por el nivel más bajo y se va progresando hasta llegar a la cúspide, que es ya el nivel más alto.

Maslow identificó las *necesidades fisiológicas* (agua, comida, descanso) como las básicas o del primer nivel. En general es la familia la que cubre estas necesidades desde que la persona nace. El niño no es capaz de proveérselas solo.

El segundo nivel es sentir *seguridad y protección* en el entorno en que vive. Puede apreciarse ya el daño que pueden causarle al niño los adultos que descuidan o maltratan.

Al tercer nivel en la jerarquía pertenece la necesidad de *amor y afecto*. La familia es la gran protagonista en los primeros años de la historia de cada persona.

La necesidad de *autoestima* pertenece al cuarto nivel de la jerarquía. La autoestima es el sentimiento de afecto y respeto hacia uno mismo. Lograr que un niño se autoestime es responsabilidad de padres y maestros y en general de los que viven en su ambiente. Elogiar los logros conseguidos, por pequeños que éstos sean, contribuye a aumentarla, así por el contrario criticarlo en forma permanente es la mejor manera de disminuirla. La violencia física y psicológica que sufren muchos niños les anula su autoestima.

El nivel más alto para Maslow, es la necesidad de *autorrealización*. Esto implica poder emplear todas las habilidades y capacidades de la persona, canalizando a su vez, talentos y valores los que, unidos a una conducta armoniosa, dan como resultado una vida plena.

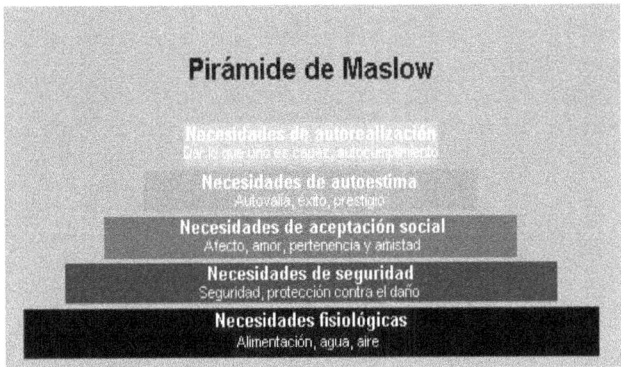

Las etapas del desarrollo

Para llegar a *ser persona*, al ser humano le es imprescindible un *desarrollo integral*, esto significa que la parte *física*, la *psicológica* y la *social* deben ir creciendo en completa armonía.

El *desarrollo físico* es producto en sí, de la naturaleza del individuo al que los cuidados, alimentación, ejercicio, etc. contribuyen positivamente. La carencia de atención puede afectarlo irremediablemente y su deterioro será visible.

Sin embargo las otras dos áreas de la persona pueden verse entorpecidas en su desarrollo por una serie de factores que también pueden afectarlas negativamente, pero que solamente pueden ser apreciados a través de sus comportamientos y actitudes.

Se dice que la persona *evoluciona* normalmente en la medida que las destrezas que va adquiriendo y las experiencias que va viviendo la van preparando en forma positiva para la etapa siguiente.

El psicólogo Erik Erikson acuñó un modelo que describe el desarrollo de las personas y que es usado habitualmente.

Su teoría afirma que se pueden demarcar ocho etapas en el desarrollo *psicosocial* del individuo, teniendo en cuenta el pensamiento y las emociones de cada uno (*psico*) y la interacción de éste con los demás (*social*)

Estas etapas son:

1. Infancia   (desde el nacimiento hasta un año de edad)
2. Niñez   (de 1 a 3 años)
3. Edad preescolar   (de 3 a 6 años)
4. Pubertad   (de 7 a 11 años)
5. Adolescencia   (de 12 a 19 años)
6. Adultez temprana
7. Adultez media
8. Adultez avanzada

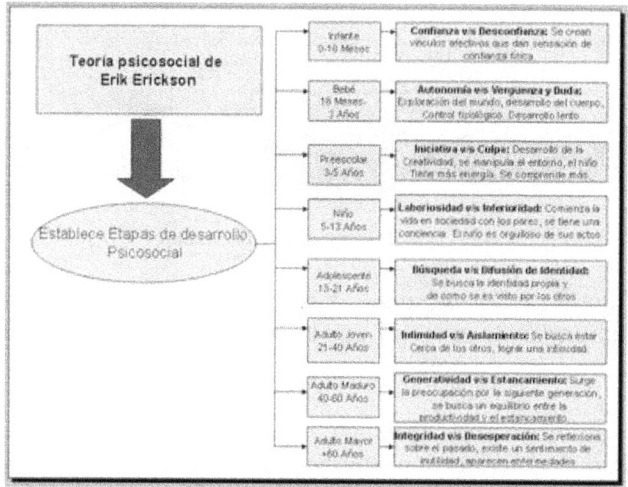

Las etapas se basan en la teoría de que cada conocimiento y experiencia nueva que se adquiere es una prolongación más avanzada de lo aprendido en una etapa anterior.

Para una mejor comprensión veremos en detalle cómo, el entorno de personas y circunstancias de cada una pueden ir haciendo evolucionar al individuo positiva o negativamente, según sea el caso.

Indefectiblemente la persona debe pasar por los distintos retos y necesidades de las primeras etapas para luego poder enfrentarse, en forma constructiva, a los problemas que se le presenten en etapas posteriores.

Es necesario estar bien consciente de la forma que va evolucionando el niño en las diferentes etapas para ayudarle a superar las actitudes negativas que pueda presentar en alguna de ellas.

DESARROLLO PSICOSOCIAL POR ETAPAS (Teoría de Erikson)

Actitudes Positivas - Actitudes Negativas

Edad: Nacimiento a 1 año (Infancia)

Actitud: *Confianza - Desconfianza*

Los bebés aprenden a confiar o desconfiar de las personas según el trato que reciben de aquellos que cuidan de sus necesidades básicas.

Edad: 1 a 3 años (Niñez)

Actitud: *Autonomía - Vergüenza y Dudas*

Los niños comienzan a desarrollar la confianza en sí mismos a través de sus primeros comportamientos independientes, comer, higienizarse, caminar, etc..., Impedírselos es hacerles dudar de sus propias habilidades.

Edad: 3 a 6 años (Preescolar)

Actitud: *Iniciativa - Culpa*

La confianza en los otros y en sí mismos desarrolla en los niños la iniciativa rompiendo muchas veces los límites puestos por los adultos. Se debe dar la explicación del por qué se le pide prudencia en sus actos ya que negarles esa oportunidad sin ellos entender, puede generar *sentimientos de culpa.*

Edad 7 a 11 años (Elemental)

Actitud: *Laboriosidad - Incapacidad*
Esta es la edad en que se afirman los comportamientos competentes y productivos. Los niños que vienen arrastrando experiencias negativas de etapas anteriores se sienten inferiores e incapaces de hacer algo bien.

Edad 12 a 19 años (Adolescencia)

Actitud: *Búsqueda y Afirmación de Identidad - Confusión*

Los adolescentes tratan de saber quiénes son. Comienzan a formar su personalidad, establecen identidad sexual, étnica, y a veces vocacional, o están confundidos respecto al rol que desempeñarán en el futuro.

Edad 19 a 30 años (Adultez Temprana)

Actitud: *Intimidad - Aislamiento*

Los adultos jóvenes buscan compañía y amor o por el contrario se aíslan de los demás.

Edad: 30 años en adelante (Adultez Media)

Actitud: *Productividad - Estancamiento*

Actitud positiva ante la vida genera adultos productivos que realizan trabajos significativos, han creado una familia y/o se han realizado a través de sus diferentes vocaciones. Por el contrario una actitud negativa genera adultos derrotistas y frustrados.

Edad: Vejez (Adultez Avanzada)

Actitud: *Integridad - Desesperación*

Los adultos de edad avanzada que viven su presente con la satisfacción de haber conseguido o, al menos haber hecho lo posible por conseguir las metas propuestas, viven hasta el final tratando de encontrarle sentido a la vida. La actitud negativa a esta edad se traduce en la desesperación de haber desperdiciado oportunidades o lamentar las metas no logradas.

CARACTERÍSTICAS GENERALES DE LOS NIÑOS Y NIÑAS EN EDUCACIÓN INFANTIL

Este libro se interesa específicamente por los niños que pertenecen a las etapas comprendidas desde infantil a primaria de nuestro sistema educativo. No obstante algunos de los contenidos que vamos a desarrollar, estarían más cerca de problemáticas vinculadas al primer ciclo de la ESO.

Características físicas

Cuando hablamos de características físicas del alumnado de este nivel, no nos referimos a la estatura, peso y otros detalles que tengan que ver con el cuerpo sino a todo aquello que sepan ya hacer con él.

De los 3 a los 4 años

- Tienen ya control sobre su cuerpo ejerciendo bien la coordinación que se requiere para funcionar en forma normal (caminar, correr, saltar, andar en triciclo).
- Tienen control de esfínteres, aunque en una necesidad no se le puede hacer esperar mucho.
- Come y bebe normalmente.
- Saben vestirse solos y solas.
- Tiene curiosidad sobre el cuerpo y su funcionamiento.

De los 4 a los 5 años

A las habilidades descriptas anteriormente se agrega:

- Aprecian la música, su oído ya es selectivo.
- Les gusta cantar, dominan sus cuerdas vocales
- Disfrutan con el ejercicio y deporte.
- Coordinan bien las manos (pueden usar tijeras infantiles con cuidado).

De los 5 a los 6 años

- Aún les es difícil la coordinación de la vista y las manos, por este motivo rompen o derraman cosas accidentalmente.
- Se afirma si será diestro o zurdo.
- Comienzan a tener sentido del equilibrio (aprenden a andar en bicicleta)

De los 6 a los 8 años

- Tienen mejor coordinación y control de sus cuerpos.
- No necesitan estar tan concentrados para correr y saltar, lo hacen automáticamente
- Demuestran más destreza al usar cubiertos, tijeras o herramientas.
- Experimentan un crecimiento más lento.
- Aumentan de peso más que de altura.
- Son las edades en que se contraen las enfermedades infantiles más comunes.

Características Psicológicas

Hay que tener muy en cuenta en los niños de Educación Infantil, el apoyo que necesitan para hacer de manera natural la transición del aprendizaje que hasta el presente han hecho observando y jugando en el hogar, al aprendizaje que de la misma forma comenzará a hacer en la escuela

De los 3 a los 4 años

- Aumentan la memoria.
- Descubren la naturaleza.
- Entienden el concepto causa-efecto.
- Nombran y clasifican objetos.
- Retienen atención por más tiempo.
- Pueden fantasear e inventar cuentos.

De los 4 a los 5 años

- Son mucho más observadores/as.
- Aprenden a simular.
- Entienden el conocimiento matemático.
- Aprenden a organizar cosas.

De los 5 a los 6 años

- Pueden seguir instrucciones con facilidad.
- Aprecian los juegos en grupo.
- Acrecientan su curiosidad sobre el cuerpo.
- Preguntan sobre embarazo, partos, sexo y muerte.
- Aprenden los inicios de la escritura y las matemáticas.
- Pueden inventar amigos invisibles para jugar.

De los 6 a los 8 años

- Razonan aceptablemente y entienden perfectamente la idea causa – efecto.
- Entienden conceptos como el nacimiento, la enfermedad y la muerte.
- Piensan más lógicamente y tienen mayor capacidad para recordar cosas.
- Como ya dominan el lenguaje al enfadarse se pueden rebelar verbalmente en vez de con caprichos o ataques de rabia.
- Se preocupan de lo que es bueno y malo.
- Acrecientan sus destrezas en lectura, escritura y matemáticas.
- Comienzan a temer el fracaso cuando emprenden algo

Características emocionales

Se debe recordar que el desarrollo emocional depende del concepto que los niños vayan desarrollando de sí mismos. Es fundamental que los adultos en todo momento tengan sumo cuidado en no hacer o expresar nada que pueda afectar su autoestima.

De los 3 a los 4 años

- Ya pueden expresar emociones con palabras.
- Son sociables, les gusta tener amigos
- Aunque aún les cuesta, comienzan a compartir
- Pueden sentir temor a ciertas cosas (oscuridad, quedarse solo momentáneamente, etc ...)

De los 4 a los 5 años

- Aprenden a diferenciar lo bueno y lo malo.
- Buscan aprobación
- Disfrutan los juegos cooperativos
- Saben ya jactarse y aparentar.
- Pueden perder el control de sí mismo
- Pueden ser ciclotímicos (cambios de humor repentinos)

De los 5 a los 6 años

- Afianzan el desarrollo de su autoestima
- En ambientes hostiles comienzan a retraerse.
- Saben entrar en competencia con otros.
- Saben dar y recibir.
- Se sienten independientes.
- Interesan complacer a sus padres y maestros.
- Pueden tener miedo a la hora de irse a dormir.
- Pueden tener pesadillas.

De los 6 a los 8 años

Este período puede constituirse en un verdadero desafío para padres, madres y maestros. Comenzar Primero los hace sentir mayores e importantes, mucho más que cuando estaban en Preescolar y lo demuestran con sus palabras y sus actos.

- Tienen ocasionales cambios de humor.
- Pueden ser exigentes e inflexibles.
- Se sienten más independientes y pueden llegar a ser osados si no se los controla.
- Quieren hacer cosas de niños más grandes pero luego tienen miedo
- Comienzan a aprender a enfrentar las dificultades.
- Son más inclinados a mentir y también a quejarse.
- Ya saben hacer trampas
- Son sensibles. Pueden avergonzarse fácilmente.
- Pueden controlar mejor sus emociones.

- Comienzan a demostrar dominio de sí mismo.
- Si están bien orientados comienzan a desarrollar una incipiente escala de valores.
- Tienen mayor capacidad para recordar cosas.
- Tienen pensamiento lógico.
- Consideran los sentimientos ajenos.
- Pueden confiar en los profesores más que en la familia

Características del lenguaje

Como el vocabulario se desarrolla rápidamente en estas edades, por el uso que los niños hacen del mismo, se puede comprobar la ansiedad que tienen de establecer comunicación con el mundo que les rodea.

A medida que van adquiriendo más destrezas en el uso del mismo pueden expresar mejor sus sentimientos y emociones.

Es importante que tanto padres, madres como maestros propicien por medio del diálogo y juegos varios, el desarrollo del vocabulario, pues cuanto mejor sepan expresarse, más seguros de sí mismos se sentirán.

De los 3 a los 4 años

- Hacen preguntas permanentemente, especialmente dicen ¿Por qué?.
- Pueden escuchar reiteradamente el mismo cuento, verso o canción.
- También en forma reiterada cuentan, recitan o cantan lo que le gusta.
- Sus frases pueden ser de tres a cinco palabras.
- Dominan el vocabulario básico suficiente como para llamar a las cosas de su entorno por su nombre.

De los 4 a los 5 años

- Pueden mantener largas conversaciones, a veces son producto de sus fantasías.
- En sus conversaciones confunden realidad con ficción.
- Aprenden a hablar mal si se les permite.
- Se ríen de las tonterías que escuchan en los cuentos o en la televisión.
- Sus frases son ya de cuatro a seis palabras.
- Dominan el vocabulario y las oraciones estructuradas simples pero completas para expresar acertadamente sus deseos.

De los 5 a los 6 años

- En general hablan ya sin errores.
- Aprenden enseguida nuevas palabras.

- Entienden las definiciones.
- Utilizan sin inhibiciones el cuerpo como medio de expresión.
- Seleccionan diversos recursos de expresión oral y no oral para comunicar ideas y sentimientos.

De los 6 a los 8 años

- Manejan el lenguaje lo suficiente como para expresar verbalmente sus emociones positivas y negativas.
- Saben aconsejar.
- Pueden explicarse en toda ocasión y relatar experiencias acordes a su edad.
- Comienzan a hablar mal con sus padres.

CAPITULO 6

Vida Familiar

"La familia es la más adaptable de todas las instituciones humanas; evoluciona y se amolda a cada demanda social La familia no se rompe en un huracán, como le sucede al roble o al pino, sino que se dobla ante el viento como un árbol de bambú en los cuentos orientales, para enderezarse de nuevo".

**Paul Bohannan
Todas las familias felices"**

OBJETIVO GENERAL

Reafirmar la importancia de todos los integrantes de la familia, reconociendo el papel fundamental que tiene cada uno en el desarrollo y crecimiento de la misma.

Diversas consideraciones para el educador

Diferentes tipos de familia

Es indudable que los dramáticos cambios y evoluciones sufridas en la ecología psicosocial de nuestros países occidentales, afectaron profundamente todas las instituciones sobre las cuales, hasta hace unos años basaban las personas su confianza y seguridad.

La familia, institución fundamentalmente humana, célula de la sociedad, no ha sido la excepción. Nuevas estructuras familiares y nuevos modelos en las relaciones de las mismas son los resultados de la mutación sufrida en bastantes casos.

A lo largo de la historia de la humanidad, la familia fue evolucionando influida por los cambios de costumbres, de normas sociales y valores culturales de lugares y épocas. Las realidades sociales y económicas actuales se han encargado de transformar el modelo tradicional de pareja: papá en el trabajo y mamá en el hogar, en un recuerdo del pasado. Esto sin duda, cambió también el papel de los niños en la sociedad.

Las nuevas relaciones de pareja, con o sin hijos; los divorcios y nuevas bodas o relaciones de hecho, agrupan a niños de distinto origen bajo el mismo techo. El creciente número de hogares en que la cabeza de la familia es la madre, sea separada, divorciada, viuda o soltera, familias monoparentales, han propiciado el vertiginoso aumento de nuevos tipos de familia.

Muchos de los niños que están hoy en las aulas, provienen de estas familias *no convencionales* pero que, al igual que las tradicionales se empeñan en educar sus hijos lo mejor que puedan.

Reforzar el estereotipo de que las familias no tradicionales, por fuerza deben ser también disfuncionales es un grave error que se traduce en que muchos niños que de ellas proceden, se sienten ciudadanos de segunda clase comparados con aquellos que viven en la tradicional trilogía de: papá, mamá, hijos.

No quiere decir esto que se desvalorice el importante rol de la familia, pero sí es necesario abogar para que haya una amplia comprensión del problema en beneficio de los que viven la situación sin haber tenido nada que ver con la decisión.

Dado que el hogar constituye el ámbito más íntimo, privado y oculto de la existencia humana la disfuncionalidad puede afectar a unos y otros sin siquiera sospecharlo.

Las crisis, por diferentes motivaciones, pueden afectar a las familias en general, por eso se recomienda a los maestros ser perspicaces y estar atento a las actitudes y comportamientos de los niños que pueden ser las víctimas inocentes de situaciones planteadas por los adultos.

Hay familias muy felices y niños que crecen sin problemas ni angustias pero es necesario estar alerta pues los maestros y la escuela pueden en un determinado momento brindar la comprensión y fortaleza necesaria para afrontar los conflictos.

La mejor prevención se hace en familia

Una buena relación familiar da las bases a la seguridad primaria por medio de la cual los niños acceden paulatinamente a la *autonomía personal*, a la *autovaloración* y a la *aceptación de sí mismos y de los demás*.

Como ya se ha visto, todos estos componentes son recursos en favor de la prevención en general, por lo tanto podemos afirmar, que la familia es, la mayoría de las veces, determinante en el futuro de la vida de los niños.

La familia debe procurar:

- Mantener un clima de diálogo y comunicación donde se puedan expresar todos los problemas.
- Promover hábitos adecuados: higiene, alimentación, horarios, disciplina, hábitos de estudio, etc.
- Promover la autonomía y responsabilidad personal de los hijos.
- Proponer y planificar el tiempo de ocio para que resulte satisfactorio
- Estar alerta en los momentos difíciles por los que sus integrantes pueden pasar: Fracaso escolar, problemas familiares, falta de trabajo, enfermedades, etc.

Importancia del estilo de vida familiar

El estilo de vida familiar puede apreciarse de dos formas:

1. Costumbres: comidas, festejos, creencias religiosas, diversiones, lugar de residencia, etc.

2. Organización: si se ejerce la autoridad, quién y cómo la ejerce quién o quiénes toman las decisiones, normas de orden y disciplina, quien administra la economía, como se distribuyen los gastos, como se distribuye el espacio, como se distribuyen las tareas, etc.

Por medio del estilo de vida familiar los niños adquieren las costumbres y hábitos que se reflejan en sus comportamientos actuales y futuros. Por esta razón la formación recibida en el hogar es fundamental para su adaptación e integración social en el mundo adulto.

En cada costumbre familiar se reflejan valores ante la vida, la naturaleza, la gente y las cosas que a la persona le acompañarán por el resto de su vida. Los hábitos familiares influyen profundamente en los niños mucho más que los retos y palizas que se le puedan dar "para que aprenda".

Asimismo sucede con los antivalores o hábitos negativos que la familia tenga y piense que "como es pequeño no se da cuenta".

Las figuras materna y paterna

En muchos sectores sociales la imagen de madre abnegada es sólo la de aquella que dedica su vida al hogar y a la crianza de los hijos. Una gran mayoría de los estudiantes que asisten a nuestras escuelas viven día a día la experiencia de madres que, acosadas por esa figura idealizada, intentan compatibilizar el trabajo interno de la casa con el trabajo externo del empleo o profesión, generando y generándose a sí mismas un grado de stress que afecta a los niños más que lo que puede afectarles el trabajo de sus madres.

Los profesores desde el aula de clase, que en una gran mayoría vivimos también esta situación, podemos ayudar a estas madres transmitiéndole a los niños el mensaje de nuestra propia experiencia:

- En la mayoría de los casos la madre trabaja para ayudar a la familia en su economía. Es necesario que las tareas familiares deban ser repartidas entre tod*os* para así cooperar con ella y aliviarla.
- Tod*os* los miembros de la familia deben tratarla con el respeto que se merece, procurando en lo posible no crear situaciones conflictivas o problemas innecesarios.

Aunque haya quien añore la seguridad del modelo antiguo: "hombre proveedor y mujer ama de casa" la mayoría de las familias de este nuevo siglo deben sobreponerse a esta nostalgia pues necesitan los dos sueldos para cubrir sus presupuestos, y aun así a veces no alcanza.

Sucede también, como ya hemos comentado, que la mujer vive la dura realidad de ser la jefe de familia, sea por separación, divorcio o viudez. La autonomía de tener una remuneración estable permite un mínimo de seguridad a los hijos que de ella dependen.

Asimismo la figura del padre que cual dios mitológico hacía sentir su presencia pero era inalcanzable para los hijos, ha variado en los últimos años, pero el "hambre de padre" sigue dejándose sentir en la actualidad en una gran mayoría de casos tanto en las niñas como en los varones.

La figura paterna es siempre importante en la familia, si es positiva porque no sólo conduce a los hijos a la vida, sino que también los gobierna, orientando y disciplinando con afecto y si es negativa creando una serie de conflictos dolorosos difíciles de superar.

El padre ocupado en proveer a su familia de todo lo necesario, o el *Papa Noel* de los fines de semana o simplemente el que no encuentra la forma de conexión psicológica con sus hijos por haber sido criado para un mundo que ya no existe, sigue siendo una abrumadora realidad en estos tiempos en el que los maestros día a día descubren un común denominador en los conflictos infantiles y juveniles: *escasez de padre.*

Como símbolo de autoridad en la familia el padre encarna la ley social. Sin ley, sin orden ni disciplina, la personalidad de los niños nunca llegará a estructurarse.

La autoridad paterna debe ser firme y comprensiva al mismo tiempo que guía a los hijos hacia la madurez. Pero éstos nunca terminarán de hacerse adultos, en la medida que no sepan emanciparse correctamente y a su debido tiempo de la autoridad paterna o de la influencia que la figura paterna, presente o ausente, ejerza sobre ellos.

La relación *padre - hijo* está fundamentada en el amor, pero casi siempre está plagada de contradicciones. Admirado y amado, el padre puede ser también temido y odiado.

En su rol de jefe de familia, se espera que el hombre demuestre afecto a su esposa y a sus hijos para los cuales deberá ser ejemplo de actuación, teniendo en cuenta que además es modelo de identidad sexual para sus hijos varones y parte importante en la afirmación de la autoestima en sus hijas mujeres.

La figura del padre es irreemplazable. En los hogares sin él, la mujer puede hacer un esfuerzo inmenso traducido en abnegación, entrega y compromiso por cumplir los dos roles, pero no puede evitar que el ausente sea siempre presencia permanente aunque nunca se lo mencione.

Hacer de madre y padre no llena ese sentimiento de pérdida permanente que condiciona el natural ingreso de los hijos a la sociedad, perpetuado luego en sus relaciones de pareja y transmitido en forma inconsciente a la relación con sus futuros hijos.

Una sana educación acaba con los estereotipos

En un artículo *Aprendiendo a leer sin estereotipos* publicado en un periódico extranjero su autora dice:

Las mujeres tiernas, sumisas y dependientes, dedicadas enteramente al trabajo doméstico y al cuidado de los niños, y los varones fuertes, seguros de sí mismos y poco expresivos, comenzaron a despedirse de la literatura escolar y de las generaciones de ciudadanos que se educaron con esos modelos.

Ahora, los nuevos textos muestran a padres que cambian los pañales de sus hijos y a madres que arreglan enchufes, como un enfoque más sincero y creíble de la realidad."

Las innovaciones actuales de los libros de texto son, en parte, las recomendaciones elaboradas por los programas que en diferentes países promueven la igualdad de oportunidades para la mujer en la educación.

La experiencia demuestra la importancia de romper con los estereotipos como una forma más saludable de educar tanto a las niñas como a los varones.

Se debe intentar que la población que está hoy en clase, sean en el futuro madres que, ocupándose como corresponde de su familia, no se reprochen por las opciones que, libres u obligadas por las circunstancias, tengan que hacer a nivel laboral. Y padres con más presencia familiar a través de la ayuda que presten en el hogar, del contacto que tengan con sus hijos y la exteriorización de afectos y sentimientos.

Padres más vulnerables, es decir más humanos.

Influencia de las relaciones entre los padres

El amor que une a los padres es el punto de inicio de la familia. Estos estructuran la organización de la misma, deciden la forma de funcionamiento y la educación que dan a los hijos.

Esto es tan importante en el desarrollo infantil que, cuando por alguna razón sufre alteraciones, puede producir problemas psicológicos y cambios en los comportamientos. El normal desarrollo y crecimiento de los hijos requiere:

- La *seguridad* de saber que la gente que quiere se aman entre sí y que no van a abandonarle.
- La *estabilidad* resultante de una relación armónica y serena. Las discusiones, peleas y malos tratos dejan huellas profundas en la psiquis infantil.
- La *autovaloración* de sentirse hombre o mujer según sea el caso por el ejemplo que le dan sus padres al considerarse y respetarse entre sí.
  Esto hace que el niño o niña se identifique positivamente con ambos y aprenda a considerar valioso el sexo opuesto.
- La *orientación* que recibe de ambos padres. Si no tienen una visión común para el estilo de vida y la educación de los hijos, éstos sufren la ambivalencia de que el pensamiento de uno difiera del otro sumiéndolos en confusión. Además en forma inconsciente se les enseña a "negociar" con el que sabe accederá a sus deseos.

Competencias entre los padres, intervenciones de terceros en decisiones que competen sólo a ellos, formar "bandos" entre los hijos, tiene como resultante un importante deterioro en la autoridad de ambos.

Los conflictos y expresiones de violencia sean físicas, verbales, psicológicas o sexuales entre los padres producen angustia e infelicidad con grave perjuicio en el desarrollo emocional de los hijos.

Los padres que por estar ocupados en sus propias guerras personales descuidan su responsabilidad principal, pueden tener en el futuro problemas de todo tipo para lograr el equilibrio de los menores y su normal ingreso a la sociedad.

Familias en riesgo - Crisis familiares

Tres factores importantes influyen en la calidad de las relaciones familiares:

1.- Una buena comunicación.
2.- Construir recuerdos positivos.
3.- Transmitir valores.

Cuando uno de estos tres factores no funciona, podemos decir que estamos ante una familia *no funcional*.

La alteración de cualquiera de ellos puede producir una *crisis* y cuando una familia entra en crisis, sus miembros, especialmente los más jóvenes, están expuestos a una serie de *riesgos*.

1.- La *comunicación* es la transmisión verbal o tácita de las ideas, conocimientos o sentimientos entre todos los miembros de la familia. Las familias que mantienen una buena comunicación tienen también unas muy saludables relaciones familiares.

2.- Los recuerdos positivos son gratificantes a lo largo de la vida, por el contrario los recuerdos negativos pueden ser motivo de aflicción y angustia.

3.- Las familias capaces de transmitir *valores* tienen asegurada la buena socialización de sus miembros. Por ejemplo, la honradez es un valor si éste es un valor importante para una familia, habrá más probabilidades que los hijos lo tengan en cuenta cuando en el futuro deban tomar decisiones. Los *antivalores* funcionan de la misma forma, si para la familia la honradez es secundaria, puede que en algún momento de su vida futura los hijos se vean afectados por haber tomado malas decisiones al respecto.

Una familia *no funcional* es aquella que no satisface necesidades físicas y/o emocionales y/o sociales por alguno de los siguientes motivos o por varios de ellos:

- dependencia del alcohol u otras drogas de uno de los padres, o de los dos.
- Abuso físico, emocional o sexual entre sus miembros.
- Ignorancia.
- Negligencia.
- Descuido.
- Abandono.

EN CASO DE REUNIONES CON LOS PADRES

En diferentes escuelas públicas y privadas, parroquias, templos de diferentes nominaciones se trata de ofrecer cursos varios bajo nombres como **Escuela para Padres**, **Charlas para Padres**, **Encuentro de Padres**, etc. con mayor o menor audiencia se llevan a cabo.

Estas instituciones y asociaciones no deben sentirse defraudadas ni debe disminuir su buena voluntad y entusiasmo cuando sienten que sus esfuerzos no despiertan el interés que tendría que haber por parte de los interesados.

Una larga experiencia de trabajo en instituciones educativas y religiosas de diferentes países nos pueden permitir manifestar que obtener la presencia del 5% de las familias que componen la comunidad escolar o eclesial es un éxito que se debe celebrar. Si se supera esa asistencia la institución puede considerarse privilegiada.

Además se debe asumir que los presentes, en una gran mayoría, serán los representantes de aquellas familias cuyos niños no representan problema alguno y que están conscientes que su responsabilidad como padres implica asistir a las reuniones en que se trata asuntos relacionados con la educación de sus hijos.

De cualquier forma, sea a través de mensajes escritos enviados a través de los niños o de alguna publicación que la institución realice, debe tratarse de enviar mensajes positivos. La misma experiencia nos hace atestiguar que por diferentes razones "alguna semilla siempre cae en terreno fértil".

Una cosa sumamente importante a tener en cuenta en estas reuniones es tratar de no expresarse en forma negativa. Muchos padres responsables dejan de asistir a reuniones hartos de oír reconvenciones sobre la irresponsabilidad de los que no están presentes.

MENSAJES A LOS PADRES (Para ser transmitidos en forma positiva)

1.- Mantener una buena comunicación con los hijos, hablando con ellos de **todos** los temas, incluso los relacionados con el alcohol, las drogas, la violencia, el sexo y el Sida. Si no saben cómo hacerlo buscar orientación en la escuela.

2.- *Escuchar* realmente cuando los hijos hablan. Si ellos quieren compartir sus experiencias, los padres deben demostrar que están oyendo atentamente. Los niños y adolescentes saben cuando se les atiende distraídamente, y dejan de compartir sus experiencias pues sienten que no se les da valor a las mismas.

3.- Ayudar a los hijos a sentirse bien *con ellos mismos.* Se deben alabar sus esfuerzos y sus logros. Si han hecho algo mal y necesitan ser corregidos se debe censurar la acción equivocada, no sus personas.

4.- Desarrollar progresivamente en ellos, una *escala de valores* que les permita tener la suficiente fuerza y entereza para decir **NO** a las invitaciones que sus amigos hagan en el futuro, al consumo de alcohol y/o drogas o a cualquier otra acción que pueda ocasionarles problemas posteriormente.

5.- Dar buen ejemplo. Las actitudes y hábitos que los padres tengan hacia el alcohol y demás drogas, hacia el sexo o la violencia, influencian taxativamente las conductas que los hijos desarrollan en relación a estos temas.

6.- Ayudar a manejar la *presión de grupo.* Los niño y niñas que se sienten amados y queridos, se sienten seguros de ellos mismos y por lo tanto tienen más probabilidades de manejar la presión que sus compañeros pueden ejercer sobre ellos y dar un **NO** rotundo a lo que no desean acceder, se trate de drogas o de cualquier otro ofrecimiento inconveniente.

Es necesario hacer comprender a los padres que el amar y estimar a sus hijos son dos actitudes diferentes. Todos los padres aman a sus hijos, pero no todos los estiman. Los maltratos físicos y psicológicos son falta de estima, motivada la mayoría de las veces por una falta de autoestima de los mismos padres. Los conceptos negativos que muchas veces los padres expresan a sus hijos, son la proyección que de sí mismos tienen.

7.- Se deben establecer reglas familiares específicas respecto a todos los temas sobre los cuales queremos hacer prevención. No se puede hablar de prevención de la violencia, cuando los hijos la viven a diario con peleas familiares. No se puede decir a un adolescente que por su edad no puede beber, si habitualmente el padre llega bebido a casa o la madre consume toda clase de medicamentos innecesarios.

8.- Fomentar actividades saludables y creativas que ayuden a combatir el aburrimiento de los hijos. El ocio siempre es un riesgo para los niños y adolescentes, sin embargo el *ocio creativo* puede ser oportunidad de regocijo y crecimiento.

9.- Los padres deben agruparse para conversar, compartir experiencias y programar actividades relacionadas con la prevención de los diferentes problemas.

10. Los padres deben estar atentos a cualquier cambio negativo que se presente en los niños y adolescentes, para poder conseguir ayuda inmediatamente, antes que progrese el problema.

CAPITULO 7

Vida Comunitaria

"Es necesario que las nuevas relaciones entre los hombres y de los hombres con el mundo, sean capaces de crear un estilo de vida radicalmente diferente"

Paulo Freire
Diálogos con Paulo Freire"

OBJETIVO GENERAL

Hacer reflexionar al niño sobre la importancia de una saludable **Vida Comunitaria** y la positiva aportación que él puede hacer a la misma como persona, no siendo la edad impedimento para comenzar a socializar correctamente.

Diversas consideraciones para el educador

¿Qué se entiende por comunidad?

El diccionario dice: "Comunidad es la asociación de personas con intereses comunes". Esta es la forma de definir el **concepto** pero, si se pretende educar un ser social para que sepa pertenecer positivamente a ella, se le debe enseñar que la comunidad es una **vivencia** a través de la cual la aportación de cada uno la enriquece o la menoscaba.

Comunidad es la familia, la escuela, la universidad, la empresa, el edificio de apartamentos, la urbanización, el residencial, el pueblo, la ciudad y el país. La comunidad internacional une a varios países. Allí donde haya gente reunida y unida por vivencias comunes existe una comunidad.

Es el encuentro de un **yo** con un **tú** que pretende enseñar lo que significa **nosotros.** La comunidad supone siempre una pluralidad de individuos que aunque sean diferentes entre sí se unen e interrelacionan con vínculos personales que los hace superar las diversidades.

La familia es la comunidad natural más íntimamente ligada. Desde ella se pasa a comunidades más amplias, como ser estudiante de una escuela, colegio o universidad, socio de un club, empleado de una empresa, pertenecer a determinado municipio, tener una patria e incluso darse cuenta que se es parte de la humanidad entera.

Vista así la comunidad, puede deducirse que el desarrollo de la vivencia comunitaria va unido al proceso de la ***personalización*** de los miembros que la componen.

Al ser la comunidad una expansión de la persona en un amplio grupo de seres humanos que la complementan, es a la vez un reflejo de ***tensiones*** y ***conflictos*** donde se reflejan las consecuencias de los egoísmos de aquellos que no han sabido o no han podido recibir la debida formación personalizadora que les permita convivir positivamente en ella.

Una sociedad con infinitos riesgos

Es tan compleja la realidad social en la cual crecen los niños actualmente, que es imperioso que, el proceso educativo desarrolle su ***sentido crítico*** frente a todos los hechos que se le presenten dentro de la cultura que vive. De esta forma, desde su más tierna infancia, tiene elementos de juicio que le permitan hacer opciones lúcidas y constructivas.

La fascinación e hipnotismo que ejercen sobre la sociedad los medios de comunicación social, especialmente la televisión, proponen falsos o foráneos modelos de comportamiento cultural que pueden producir confusión en aquellos que no tienen formación crítica.

Tampoco se debe caer en la trampa de pensar que todo lo culturalmente distinto a nuestra sociedad es negativo en sí mismo, ni todo lo que nuestra sociedad vive y expresa en la actualidad es lo mejor para lograr su madurez plena.

Cada persona y la comunidad donde vive debe asumir los valores que concuerden con lo que aspiran y que les permita realizarse dentro del proyecto histórico que se hayan diseñado.

Las realidades que presenta la sociedad actual pueden, en un determinado momento, convertirse para las personas, en verdaderas encrucijadas de vida teniendo ante sí el desafío de poner a prueba el espíritu crítico que haya ido desarrollando a lo largo de su existencia.

Una niñez que desaparece muy pronto, una adolescencia que se prolonga cada día más, una madurez difícil de concretar ante pocas oportunidades de soluciones laborales, una vejez no asumida, son parte de estas encrucijadas.

A ellas podemos agregar todas aquellas enumeradas por Luis Rojas Marcos en su libro "La Ciudad y sus desafíos" y que vale la pena incluirlas para tomar conciencia que todas y cada una, y a veces varias a la vez, acechan al individuo en cualquier recodo de su vida personal, como protagonista o como observador.

"Las nuevas relaciones, la alternativa del divorcio, el dilema del aborto, el aprendizaje de una digna vejez, la salud mental, el hambre de perfección, la homosexualidad, la violencia, el problema de las drogas, el reto del VIH/SIDA, los nuevos mosaicos urbanos, el racismo y la xenofobia, la deshumanización de la medicina, la anomia, y la eutanasia" son los conflictos o situaciones de conflicto que nos presenta este principio de siglo.

En el último capítulo presenta la "empatía" como último desafío y como condición primordial para conocer y superar las encrucijadas que nos generen las actitudes de los otros.

Define a la misma como "la capacidad de participar genuinamente y con afecto de la realidad ajena" afirmando que aunque "la vida es difícil, las dificultades de la existencia se pueden vencer si reconocemos las causas y eliminamos los obstáculos que se interponen en nuestro camino".

De todo lo antedicho se infiere que una educación sin tabúes ni estereotipos, que prepare ampliamente para los riesgos y desafíos que la vida puede presentar, alentando siempre a hacer opción por los que se consideran eternos valores de la humanidad, necesita también educar en la ***empatía.***

Esto hará que el individuo aunque no comparta las ideas, ni necesariamente viva las experiencias que viven otros, tampoco se transforme en juez absoluto o fiscal implacable de las encrucijadas de los demás.

Incorporación de los niños y niñas a la vida comunitaria

La transición que significa el paso de la vida comunitaria familiar a la vida comunitaria escolar requiere un esfuerzo colectivo por parte de todos aquellos que están ligados al niño desde su nacimiento (padres y familiares cercanos) y de los que comienzan su relación con él o ella en su ingreso a la escuela (maestros, profesores/as de música, educación física, etc.)

La vida escolar significa cambios importantes en la vida de los niños:

- Es la primera vez que están tantas horas fuera de su casa y su familia.
- Son los primeros pasos hacia la independencia.
- Despiertan nuevos sentimientos.
- Adquieren nuevos amigos.
- Tienen nuevas experiencias.

Padres y maestros deben tener en cuenta que la educación Infantil confirma el final de la simbiosis, entre su *yo* y el **mundo**, que ha tenido el niño en los primeros años de su vida.

Hasta comenzar a ir a la escuela (sea Jardín de infancia, guardería, o Infantil) ha considerado al mundo como animado por la misma vida íntima que percibe en sí mismo. Si se golpeaba contra un objeto éste pasaba a ser "malo" y por ello es razonable darle golpes.

Desde la experiencia de su propia vida interior creía que todas las cosas y también los animales, plantas, rocas, etc. piensan y actúan, que pueden ser buenos o malos, a semejanza de lo que él conoce de sí.

Durante la etapa de transformación de esta estructura mental que coincide con los años de Educación infantil los maestros deben aceptar con naturalidad que los niños interrumpan un cuento o un relato para preguntar si de lo que se habla es verdad o se trata de una ficción.

La escuela ayuda a superar muy rápidamente la simbiosis y enseña que no existen fuerzas mágicas que mueven el mundo sino que debe ser descubierto a través del conocimiento.

Al tomar distancia entre su yo y el mundo exterior comienza a ser capaz de hacer comparaciones. Esta comparación va a generar la fuerza crítica, y también la crítica hacia los demás.

La crítica es una característica del cambio operado en su estructura mental y en ella el niño descubre una fuerza que puede usar para manifestar ante todo, su desacuerdo. De esta costumbre en principio negativa, puede ir desarrollando una capacidad fundamental, insustituible en la construcción de su propio mundo: ***el sentido crítico.***

La correcta orientación que da la educación a este sentido crítico desarrolla otra capacidad: ***la comprensión de los detalles,*** es a través de esa comprensión que puede determinar o no, no hacerle a otros lo que no le gusta que le hagan a él/ella.

Valores sociales al alcance de los niños y niñas de Educación Infantil

Obediencia:

El preescolar tiene un uso de razón muy limitado, por lo tanto es necesario inculcarles **obediencia** a sus maestros.

Los niños de 1 - 3 aunque ya saben lo que significa obediencia, muchas veces se rebelan contra ella según se ha explicado en las características emocionales de los niños de 6 a 8 años.

Si esto sucede antes de conocer el problema que puede estar afectando al estudiante, el maestro debe preguntarse si lo que le exige se está haciendo de la debida forma, es decir, si se lo está respetando como persona.

La mayoría de los niños traen el valor de la obediencia, a través de la crianza recibida en el hogar, los maestros con experiencia saben que en todo grupo que reciben cada año, están los que ni siquiera la conocen.

En los escritos que Don Bosco (1815 - 1888) dirige a los educadores de su época, figura el siguiente consejo relacionado con la enseñanza de la obediencia:

Si quieren que los niños les obedezcan, inspírenles confianza, hagan que los quieran, estén con ellos. Háblenles al corazón, nunca los humillen pues pueden hacer nacer en él malvados sentimientos. No se encoléricen ni aún teniendo razón, nunca una palabra fría o dura, digan sencillamente: "No estoy contento de ti", la mayor parte de las veces bastará. Si no tienen más remedio que aplicar la disciplina recuerden que ésta es un medio no una meta. No la apliquen porque sí. Equilibren la libertad con la obligación que están exigiendo, es cuestión de tacto.

Obedecer por miedo o porque no hay más remedio, es una escasa motivación a internalizar el valor, se debe animar a la **obediencia por amor,** exigiendo mucho pero en pocas cosas, en las que son realmente importantes dando indicaciones claras y que no se presten a confusión.

Sinceridad

Otro valor a desarrollar en los preescolares y niños de 3 años es la **sinceridad.** Esta y la humildad son formas de designar una única realidad.

Santo Tomás de Aquino dice: *La humildad regula la tendencia del hombre a exaltarse por encima de su propia realidad. Por eso es conveniente reconocer que el valor de la sinceridad no tiene sentido si la persona está engañándose a sí misma. El problema del conocimiento propio radica en la tendencia de querer comparar la propia condición con la condición de otros hombres.*

Sinceridad significa entonces desarrollar la propia intimidad para que, valorando debidamente lo que uno es, se pueda decir lo que hace falta en el momento oportuno y de la forma adecuada, sin caer en la ofensa ni en la agresión verbal.

Orden:

El valor del ***orden*** es imprescindible desde la más tierna edad por dos razones fundamentales:

- Cuanto más tiempo pase es más difícil interiorizarlo.
- Es un valor necesario para una pacífica convivencia tanto en el hogar como en la escuela. El maestro en muy poco tiempo puede decir cuáles de sus estudiantes traen este valor ya aprendido desde sus hogares.

Estos tres valores en el preescolar y el niño de infantil conforman una base sólida para la construcción de los que paulatinamente irá adquiriendo en su proceso de socialización.

- **Factores que pueden influir en el proceso de socialización de los niños y niñas de estos niveles escolares.**

Reiteramos que, después de la familia, la escuela es la segunda comunidad importante con la que los niños se relacionan.

Muchos padres no dan importancia a detalles que van a conformar las actitudes positivas o negativas que puedan tener sus hijos en el ambiente escolar. Es entonces cuando la profesionalidad y perspicacia de los maestros puede ayudar a revertir la situación atendiéndola, hablando con los padres o solicitando que las autoridades escolares intervengan en el problema.

La diferencia entre atender estas situaciones o no, puede repercutir en su comportamiento futuro a nivel social. Los Centros de Tratamiento Social de la Administración de Instituciones Juveniles o centros de menores, son muchas veces el destino final de los *pequeños y pequeñas inadaptadas* de nuestras escuelas.

Hay ciertos y determinados problemas en los que los maestros no pueden actuar pues necesitan ser atendidos por otro tipo de profesionales como pueden ser los orientadores, psicólogos y a veces hasta médicos psiquiatras, pero la mayoría de las veces lo que los niños buscan es un poco más de atención que la que les están prestando en su propio hogar.

Sabemos y comprendemos por experiencia la carga emocional que significan estos casos para los maestros, pero aquellos que después de muchos años nos hemos podido encontrar con los *inadaptados* de entonces, convertidos en adultos valiosos, podemos afirmar que el esfuerzo valió la pena.

Los maestros deben tener en cuenta que los niños actualmente son racionales y críticos implacables, no aceptan los discursos condescendientes pero tampoco impositivos. Los que expresan su disconformidad los tildamos de *rebeldes*, sin embargo todos piensan más o menos lo mismo, lo que pasa es que la mayoría no lo dice porque son conscientes que sus capacidades de defensa son inferiores a las de los adultos.

Aunque sientan respeto por padres y maestros, los estudiantes consideran que el diálogo debe ser de igual a igual. Descubren inmediatamente cuando, al hablarles con intención educadora, se esconde una actitud moralizante y la rechazan si no se les ofrece directa y espontáneamente.

A continuación enumeramos ciertas características de comportamiento por las cuales el docente puede darse cuenta de la salud social del estudiante de los niveles escolares que estamos tratando en este libro.

Un/a niño o niña socialmente sano

- Está siempre contento.
- Se interesa por todo.
- Le es fácil hacer amigos.
- Da y recibe cariño.
- Se entusiasma con cosas nuevas.
- No se queja sin razón.

Un niño con problemas de socialización:

- Parece triste o preocupado.
- Le interesan muy pocas cosas.
- Le cuesta hacer amistades.
- Quiere llamar la atención como sea.
- Aunque sea inteligente tiene dificultades para aprender.
- Puede sentir malestares y dolores sin causa.
- Es indiferente a todo.
- Tiene problemas para expresarse.
- Tiene rabietas por motivos sin importancia.
- Siente temores sin causa aparente.

- Busca peleas a menudo.
- Es absurdamente destructivo con las cosas.
- Maltrata a los animales

Pero, **Cuidado!!** La mayoría de los niños demuestran alguno o muchos de estos síntomas alguna vez, provocados por diferentes causas o estados de ánimo.

Es la persistencia de uno o varios de ellos, lo que puede indicar problemas de socialización en el presente y agudizarse en el futuro si no se los atiende.

CAPITULO 8

Ejercicio, Nutrición e Higiene

"Nuestro cuerpo es... Nosotros mismos
El es nuestra única realidad tangible...
No se opone a la inteligencia, a los sentimientos, al alma...
Los incluye a todos y los alberga...
Por ello, tomar conciencia del propio cuerpo significa
abrirse el acceso a la totalidad del propio ser...
Porque el cuerpo y el espíritu, lo físico y lo psíquico,
incluso la fuerza y la debilidad, representan,
no la dualidad del ser... sino su unidad".

Thérèse Bertherat
"El cuerpo tiene sus razones"

OBJETIVO GENERAL

Reconocer la importancia que tiene el cuidado físico del cuerpo (ejercicio, descanso, alimentación e higiene) para poder mantener también un buen estado psíquico, intelectual y social.

Diversas consideraciones para reflexión del educador

El ejercicio y la buena condición física

La Organización Panamericana de la Salud que forma parte de la OMS (Organización Mundial de la Salud) publicó un libro en Panamá sobre cuidados generales que las personas deben observar para mantenerse en buen estado.[1]

Uno de los capítulos se llama "Protégete del SIDE". Lo que en principio parece un error ortográfico en el alerta sobre la enfermedad de la que más se habla actualmente, al comenzar a leer se comprende que es un nombre acuñado por su autora para denominar los riesgos que ocasiona una permanente vida sedentaria.

SIDE son las siglas del "Síndrome de Insuficiencia de Ejercicio".

---

[1] Vázquez de Palau Ana *Vive más, ¡y mejor!*, OMS, Panamá 1995

La Educación Física en los niveles académicos que nos ocupan, intenta iniciar a los estudiantes en un hábito que, de continuarlo, puede ayudarlos a que en el futuro no tengan la ocasión de caer en la trampa que significa el SIDE.

Para ello es importante que cada niño pueda:

- Tomar conciencia de las características de su cuerpo e imagen corporal.
- Reconocer sus posibilidades y limitaciones motrices y el control progresivo del movimiento.
- Desarrollar confianza en sí mismos y en sus posibilidades corporales.
- Comunicarse y expresarse. Vivir el placer del movimiento.
- Aprender a cuidar su cuerpo y el de los otros.

Los currículos de Educación Física a nivel internacional consideran este área como primordial para un buen desarrollo integral e insisten en el desarrollo de *juegos,* actividad física y *actividades al aire libre.*

Los juegos al aire libre son sumamente importantes en niños de 3 a 8 años. Las actividades lúdicas no deben alentarse como competencia sino como una forma de promoción de la salud y de contribución al equilibrio que debe existir entre descanso, actividades intelectuales y ejercicio físico, teniendo siempre en cuenta la capacidad física de cada niño.

Además los maestros debemos recordar que los juegos "son parte de la imaginación creadora, la invención, la experimentación y la expresión corporal".

Desde pequeños es aconsejable transmitir las bondades de la actividad física para que asuman que todo organismo en crecimiento necesita ejercitar las funciones que ha de desarrollar, porque, el crecimiento físico depende del movimiento muscular. Los músculos que no se mueven no crecen o crecen flácidos.

Sin entrar en explicaciones demasiado profundas es necesario que sepan que el ejercicio aumenta la actividad respiratoria y ésta a su vez produce una mayor oxigenación de la sangre, que circula entonces a mayor velocidad (pueden comprobarlo tomándose el pulso).

El ejercicio aumenta la producción de calor en el cuerpo y entonces se suda. Los líquidos que produce el sudor limpian la piel. (Observación de los poros) Además el ejercicio ayuda a conservar el peso y a evitar la obesidad infantil, uno de los principales problemas en los niños españoles de hoy en día.

Actualmente nuestros niños consideran como principal diversión la pasividad de las pantallas sea la de la televisión, la de las consolas o la de los ordenadores que propician todas, la *ley del menor esfuerzo*. La actividad física, el deporte y la vida en la naturaleza y al aire libre contribuyen al desarrollo no sólo de una conciencia sobre nutrición, salud e higiene sino también con la generación de una *cultura del esfuerzo*, que puede evitar en el futuro una epidemia de bulímicos, obesos e hipertensos.

Factores de fotoprotección

Debemos recalcar también que la realización y el ejercicio físico y las actividades deportivas en espacios al aire libre, se ha relacionado con el desarrollo del cáncer de piel, la revisión de estudios epidemiológicos sobre deportes de exterior ofrece la conclusión de que la exposicición solar, puede ser un importante factor de riesgo del cáncer de piel estando directamente relacionado con el incremento de carcinoma basocelular, espinocelular y melanoma maligno.

No deja de ser contradictorio que a pesar de que la radiación ultravioleta,UV) sea considerada como no de los factores de riesgo más importantes en la producción del melanoma y el cáncer de piel, con excesiva frecuencia los docentes y padres parecen desconocer el riesgo que conlleva la prolongada exposición al sol según Moehrle, M. 2011.

Estudios actuales como los llevados por Lawler S. y cols en 2012, han demostrado que en la práctica de deportes de exterior como fútbol, hockey y tenis, el riesgo de contraer cáncer de piel aumenta notablemente.

De esta forma se pone de manifiesto que existe una relación entre la práctica deportiva en deportes de exterior y el desarrollo de lesiones cutáneas como por ejemplo, nevus melanocíticos o lunares así como telangiectasas, discromías o cambios de pigmentación el la piel y arrugas como resultado de la exposición a rayos UV.

Con lo cual debemos concienciar a docentes sobre todo a los de educación física y tutores, así como a los padres de los alumnos a un uso adecuado de los factores y hábitos de fotoprotección.

Sólo con acciones tan sencillas como el uso de cremas solares, camisetas con mangas, gorras y aprovechar siempre los espacios dónde haya sombra podremos evitar y prevenir este tipo de enfermedades.

Necesidad de descanso

En la infancia el descanso es imprescindible ya que los niños de 3 a 8 años si no están durmiendo están moviéndose, esto les produce cansancio y así sucesivamente.

En general, cuando comienzan a ir a la escuela duermen menos de lo que necesitan pues de 3 a 6 años la media de lo que debería dormir es un mínimo de entre 10 y 12 horas totales por día, sumando al sueño nocturno, el descanso que puedan tener en horario diurno en la escuela o en la casa.

Los niños de 6 a 8 años deberían dormir un mínimo de 8 a 10 horas durante la noche, teniendo en cuenta que ya a esas edades no tienen como los más pequeños períodos de descanso en la escuela.

Trasnochar viendo televisión, jugar con el ordenador o estar conectado a internet una práctica negativa a cualquier edad, le resta horas preciosas al reposo, pero, sobre todo en el preescolar lo condiciona a creer que es normal comenzar cansado el nuevo día.

Condiciones para lograr un buen descanso

- Evitar ruidos internos (TV, música, gritos, discusiones etc.) como externos.
- (cerrar ventanas para que no se oiga ruido de tránsito, bullicio callejero, fiestas de vecinos, etc.)
- Luz en exceso (la habitación debe oscurecerse, si el niño tiene miedo, dejar una luz tenue; no molesta pero tranquiliza).
- Almohada baja.
- Ropa suficiente pero no excesiva y que no ajuste el cuerpo.
- Postura correcta.

Alimentación y Nutrición

Buena nutrición significa saber alimentarse y los buenos alimentos significan buena salud.

Los niños deben aprender que los alimentos que consumen experimentan dentro de sus cuerpos una transformación necesaria para que el organismo pueda obtener:

- La energía que necesita para vivir.
- La materia que necesita para crecer.

Para inducirlos a una buena alimentación, se les debe enseñar que hay seis elementos nutritivos básicos que deben comer diariamente para conservar una buena salud. No es necesario que en estos niveles sepan el nombre de los grupos de alimentos, pero sí los alimentos que conforman esos grupos;

AGUA:

Los líquidos representan una parte importante del peso del cuerpo. La falta de líquido produce deshidratación con todos los riesgos que esto trae. Los niños deben beber mucha agua, también contienen agua los zumos, las sopas y las bebidas no alcohólicas.

PROTEINAS:

Son necesarias para el crecimiento del cuerpo y fortalecimiento de los músculos.

Los alimentos de origen animal que contienen proteínas son todas las clases de carne: vacunas, porcinas, de ave y pescados, así como la leche, el queso y los huevos, alimentos también que provienen de los animales.

Los alimentos de origen vegetal que contienen proteínas son las habichuelas y lentejas.

HIDRATOS DE CARBONO

Son una de las principales fuentes de energía del cuerpo, estas energías se miden en *calorías.* Están presentes en los azúcares de las frutas, de la leche, y de todos los alimentos que contengan azúcar como por ejemplo el chocolate.
Son también hidratos de carbono los alimentos que contienen fécula como las papas, las legumbres en general, los cereales(arroz, trigo) las pastas (pan, galletas, fideos) .

Los hidratos de carbono (verduras, hortalizas, frutas, cereales enteros) son ricos en *fibras*, éstas son necesarias para que el organismo se mantenga sano y fuerte en sus funciones fisiológicas.

Hay que alentar a los niños a consumir esta clase de alimentos para prevenir en su futuro problemas digestivos como estreñimiento, divertículos y hasta cáncer de intestino y colon.

Asimismo hay que aconsejar la menor ingestión de azúcar posible, pues ésta es responsable de caries dentales, fomento de la obesidad y quita las ganas de comer alimentos más adecuados para la salud.

La ingestión de caramelos, chocolates, dulcería industrial y todo tipo de dulces para niños son innecesario.

GRASAS

Las grasas que contienen los alimentos de origen animal como aceite, manteca, mantequilla, etc. son sustancias que dan mucha energía, pero que a veces son difíciles de digerir.

Si se consumen en exceso producen diferentes problemas al organismo como propiciar enfermedades circulatorias (hipertensión, arterioesclerosis, infartos, etc.)

Las grasas que contienen los alimentos de origen vegetal, el aceite, la margarina, los frutos secos como las nueces, almendras, etc. tienen la misma energía y el mismo poder de nutrición y no producen los efectos adversos ya nombrados.

VITAMINAS

Son sustancias necesarias en muy pequeñas cantidades pero si no están presentes en la alimentación producen graves problemas al organismo.

Hay diferentes clases de vitaminas y se las llama por letras que se escriben con mayúscula y a veces se les pone un numerito al lado. Por ejemplo Vitamina A, B, C. D y E, Vitamina B1, B2, etc.

Casi todos los alimentos contienen vitaminas. Son importantes para los huesos, dientes, vista, piel, etc. Las frutas, hortalizas, productos lácteos, etc. son ricos en ellas.

La leche es el alimento más completo pues posee una gran cantidad de vitaminas y minerales.

MINERALES

El cuerpo para desarrollarse necesita también elementos químicos. Calcio para los huesos, Hierro para la sangre, Flúor para el esmalte dental, Yodo para la glándula tiroides, etc..

La leche es rica en calcio y el hígado en hierro.

La mala alimentación en los primeros años puede darse por exceso de comida o por falta de ella, por ignorancia o por descuido y negligencia, pero los resultados son siempre graves. Puede traer alteraciones irreversibles en el desarrollo óseo o una incipiente obesidad con la que luchará el resto de su vida.

En los niños es evidente la relación entre una deficiente alimentación y la incapacidad de hacerle frente a las infecciones. Las enfermedades propias de la infancia adquieren mayor gravedad entre los niños mal alimentados. Su bienestar integral depende de una alimentación adecuada.

Higiene del cuerpo

Los niños deben conocer y practicar diariamente las elementales normas de higiene hasta formar el hábito de las mismas.

La higiene personal es una **rutina** necesaria para mantenerse limpio, fresco y saludable, no olvidando ninguna parte del cuerpo porque la suciedad de una de ellas afectará el aspecto que presente la persona.

Enumerar las partes del cuerpo que necesitan cuidado diario ayuda a formar el hábito. Si la persona tiene posibilidades de hacerlo tiene que bañarse o ducharse diariamente, siguiendo los consejos que se enumeran a continuación:

- Enjabonar el cuerpo completo para lavar bien la piel prestando especial atención a las áreas genitales, axilas, cuello y espalda.
- Lavarse la cara con cuidado para que el jabón no entre en los ojos.
- En la cabeza prestar especial atención a la nariz y a las orejas, tanto detrás de las mismas como dentro, procurando que no entre agua a los oídos.
- Al lavarse la cara no restregar los ojos pues pueden irritarse.
- La limpieza de los pies debe hacerse prestando especial atención entre los dedos y a los talones. Con un cepillo blando cepillar vigorosamente las uñas.
- Las manos necesitan ser lavadas varias veces al día pero en el momento del baño se debe también utilizar el cepillo para las uñas.
- A su vez es primordial que en las clases de educación física, los niños se aseen posteriormente y usen desodorantes y demás para continuar su jornada escolar.

HIGIENE DEL PELO:

El lavado del pelo se hará con la frecuencia que la persona necesite pero no debe dejarse más de una semana sin lavarse porque esto da un aspecto sucio y desaliñado.

Ocasionalmente los niños escuelas pueden verse afectados de **pediculosis**. Es ésta una parasitosis producida por los piojos.

Los piojos se transmiten por contacto directo, por el simple hecho de la proximidad de las cabezas o contacto indirecto por el uso común de objetos personales: peines, cepillos, sombreros, gorras, almohadas, etc.

En la farmacia se pueden adquirir productos que utilizándolos para lavar la cabeza maten los piojos y las liendres que son los huevos que se adhieren al pelo. Aunque estén muertos son difíciles de sacar pues hay que despegarlos del pelo uno por uno. Con una sola liendre que quede viva está asegurada la reproducción.

OTRAS NORMAS HIGIENICAS

Otras normas higiénicas a tener en cuenta están relacionadas con la necesidad que tienen los niños de satisfacer sus necesidades fisiológicas. Hacer un hábito de ellas no sólo le ayuda a sentirse seguro de sí, sino que colabora a la convivencia en comunidad.

Los niños pueden acostumbrarse a ir al baño a la misma hora, para evitar los inconvenientes que les pueda traer sentir la necesidad en la calle o en un medio de transporte.

Aunque la defecación es un acto voluntario tiene una parte refleja que conviene propiciar. El desayuno puede desencadenar los reflejos, si el niño se levanta con tiempo suficiente como para desayunar e ir al baño estará tranquilo las próximas horas.

Debe aprender a utilizar todo el papel de baño que le sea necesario para evitar ensuciar la ropa interior, pero sin desperdiciarlo. El papel de baño debe estar limpio y no debe tirarse al suelo.

Desde pequeños deben aprender a dejar el inodoro limpio como les gusta encontrarlo, tirando de la cadena después de usarlo. Los varones deben levantar la tapa del inodoro al orinar evitando que el líquido salga fuera, ni caiga al suelo.

Hay que lavarse las manos con agua y jabón al terminar. No hay que abrir la el grifo demasiado, para que el agua no salga del lavabo y moje el suelo. La toalla debe quedar estirada en el toallero para que se seque después de secarse las manos. Si en el lugar hay toallas de papel, tirarlas a la basura una vez usadas.

HIGIENE DE LA ROPA

La ropa debe cuidarse. Tirarse al suelo, comer o beber descuidadamente, no contribuye a mantenerla limpia. Cuando la ropa se ensucia hay que ponerla a lavar.

La ropa interior debe ser cambiada diariamente pues tiene olor fuerte de los olores provenientes del cuerpo.

Toallas, sábanas, manteles y servilletas deben cambiarse habitualmente.

Higiene bucodental

Los niños deben adquirir el hábito de lavarse los dientes después de cada comida y al momento de acostarse y hacerlo de manera adecuada.

Una boca con dientes enfermos no sólo afecta la apariencia, sino que puede afectar la alimentación, pues los dientes son necesarios para masticar los alimentos.

La salud dental depende en gran parte de los cuidados que individualmente se dé a la dentadura. Debe insistirse en el correcto cepillado desde que los niños comienzan a tener dientes.

La escuela debe agotar los medios para enseñar la práctica del correcto cepillado dental. Este no debe ser tratado en teoría sino en la práctica en clase. Con el cepillo seco y un pequeño espejo hacerles repetir uno a uno los movimientos, y mediante la mímica ensayar el enjuague.

Se debe enseñar sobre las *caries*. La población infantil recibe una permanente influencia de los medios de comunicación al consumo de dulces, galletas, chocolates y refrescos. Es conveniente explicar que las pequeñas cantidades de azúcar concentradas en un bombón o piruleta, le pueden producir caries con más rapidez que mayores cantidades de azúcar menos concentrada como por ejemplo, la que tienen las frutas.

Desalentar la práctica de irse a dormir comiendo dulces. Una vez lavados los dientes para irse a acostar **no se debe consumir ningún alimento ni bebida, únicamente agua.**

El examen dental debe hacerse una vez al año para tratar las caries, si las hubiera, evitando que se hagan cada vez más grandes con el riesgo de pérdida del diente. Los dentífricos que contienen flúor ayudan a prevenirlas.

CAPITULO 9

Prevención de Enfermedades. Control de Medicamentos

Mas vale prevenir... que curar.
Refrán Popular

OBJETIVO GENERAL:

Aprender que el avance de la investigación en medicina y farmacología, la existencia de vacunas y el conocimiento de la importancia del ejercicio, de la nutrición y de la higiene en la vida humana han dado al ser humano mayores y mejores oportunidades de vivir de forma saludable y que los medicamentos hacen una valiosa aportación en la medida que se usen bajo control médico.

Diversas consideraciones para reflexión del educador

Hasta mediados del Siglo XIX la medicina se dedicaba sólo a curar las enfermedades en la medida que sabía y podía.

Cuando leemos que en el transcurso de la historia, miles de seres humanos han muerto de enfermedades que hoy no representan peligro alguno, podemos apreciar entonces el avance de la ciencia.

Sin embargo, han vuelto a aparecer algunas que se creían ya superadas (como la tuberculosis y el cólera) y han aparecido otras nuevas de las que aún no se conoce mucho y, como en el caso del SIDA, aún no existe una vacuna.

El último decenio del siglo XX se centró en la ***prevención*** insistiendo en que, basándose en el conocimiento de las causas que producen enfermedades y en la posibilidad de actuar sobre ellas, se puede evitar la aparición de las mismas.

Sin embargo, en el caso de la transmisión del VIH que produce el SIDA, ya están bien identificadas las causas y pero aún la enfermedad sigue avanzando. Podemos creer que esto ocurre solamente en países con pocas posibilidades económicas, estamos equivocados. En nuestro país hay un alto número de personas enfermas de SIDA, y una media de 3500 casos al año de nuevos enfermos entre 15 y 25 años, con una tasa del 41%.

Esto demuestra que la información sola no previene, que la prevención debe formar parte de la educación para que los seres humanos seamos capaces de hacer opciones saludables en nuestra vida y tomar decisiones inteligentes.

Debemos recordar que existen dos tipos de enfermedades:

1. enfermedades transmisibles.
2. enfermedades no transmisibles.

Enfermedades transmisibles

En este grupo están todas aquellas llamadas ***eruptivas*** muy comunes entre los niños y que se caracterizan por presentar fiebre alta y una erupción en forma de "granitos", o alteración de la piel dependiendo de qué enfermedad eruptiva se trate. (Sarampión, varicela, rubéola, etc.)

Gracias a las vacunas se puede inmunizar a la población para evitar las epidemias que antes costaban miles de vida.

Enfermedades transmisibles también son la tuberculosis, hepatitis, meningitis, cólera, todas las enfermedades de transmisión sexual agrupadas bajo la sigla ETS y por supuesto el ya mencionado VIH que produce el SIDA.

Fuentes de infecciones para las enfermedades transmisibles son:

- Las mismas personas que se van contagiando entre sí.
- Los animales que aunque no estén enfermos son portadores de enfermedades.
- La falta de higiene en lugares habitados por los seres humanos.

Concepto de Inmunización - Vacunas

Inmunizar es una manera eficaz de prevenir y combatir ciertas enfermedades. La *inmunización* se logra por medio de *vacunas*.

Las vacunas son pequeñísimas dosis de organismos causantes de las diferentes enfermedades. Al ser introducidas en el organismo humano producen *anticuerpos* los que, como invisibles soldados, luchan contra los *virus* y las *bacterias*, que son los causantes de las enfermedades transmisibles.

Los *virus* y las *bacterias* son microrganismos invisibles al ojo humano que se desarrollan en medios que les son propicios.

Los *gérmenes* son también microrganismos que se desarrollan muy rápidamente en cualquier lugar falto de higiene.

Además de las vacunas para prevenir enfermedades, hay medicamentos muy efectivos llamados *antibióticos* que se usan para combatir las infecciones y enfermedades.

Solamente el médico puede determinar si es o no conveniente usar antibióticos ya que para usarlos, debe saberse aplicar el adecuado a cada una de las enfermedades.

Enfermedades no transmisibles

Las enfermedades no transmisibles en su mayoría son crónicas, es decir que la persona que la padece la tendrá por un período determinado de tiempo o quizás para toda la vida.

Para este tipo de enfermedades no existen las vacunas pero ha avanzado mucho el conocimiento de ellas como para tratar de prevenirlas y combatirlas.

En su mayoría estas enfermedades afectan a los adultos, pero hay enfermedades no transmisibles que afectan también a muchos niños como por ejemplo el cáncer, la leucemia y la diabetes.

Medicamentos

Los medicamentos son drogas de uso legal cuando son controladas por el médico que las prescribe y elabora una receta con las recomendaciones de uso.

En los últimos años se han difundido excesivamente por la facilidad con que se obtienen, pero sobre todo por las recomendaciones de amigos y vecinos que sin ser médicos recomiendan tal o cual medicamento porque le hizo bien a alguien.

En la actualidad tanto los medicamentos que produce la farmacología como aquellos productos producidos por la *naturopatía* son la respuesta a las personas que pretenden encontrar soluciones instantáneas a conflictos de diversa índole como pueden ser los trastornos digestivos, emocionales, pérdida de memoria, alteraciones del sueño, etc.

Recomendar medicamentos, sin ser médico, a familiares, amigos y vecinos es peligroso. Esta mala costumbre se conoce con el nombre de *automedicación,* pues la persona se receta también a sí misma.

Animales domésticos - Cuidado de los mismos - Transmisión de enfermedades.

Hay algunas enfermedades e infecciones que nos pueden ser transmitidas por los animales.

Los animales pueden estar enfermos o ser *portadores* de determinada enfermedad y transmitírsela al ser humano por contacto directo (besos al animal) o indirecto, (a través de sus excrementos que pueden infectar legumbres u otros alimentos que luego el hombre consume.)

- Los perros pueden transmitir la *rabia* y la *hidatidosis.*
- Los gatos pueden transmitir *toxoplasmosis* y también la rabia.
- Los cerdos pueden transmitir la *triquinosis*, (es sumamente importante no consumir carne de cerdo que no esté bien cocida).
- Las vacas pueden transmitir *brucelosis* y *tuberculosis.*
- Los loros y cotorras pueden transmitir varias enfermedades también.

Los animales domésticos deben estar vacunados anualmente contra las enfermedades que puedan afectarle y que puedan ser transmitidas al ser humano.

Los perros deben ser bañados frecuentemente y los gatos cepillados diariamente.

Es conveniente ponerles un collar antiparasitario para evitar se les peguen pulgas y garrapatas pues éstas también pueden traer problemas varios a los seres humanos o aplicarles los tratamientos mensuales que ya existen para evitarles parásitos externos como los nombrados o internos como los parásitos del corazón. Esta enfermedad afecta a los perros y es transmitida a otros perros y gatos a través del mosquito que haya picado previamente un can enfermo.

No es higiénico ni conveniente que los animales domésticos duerman en las camas de sus dueños, ni que coman en los platos que usa habitualmente la familia.

Ratas y ratones deben ser combatidos con efectividad dentro y fuera de las casas pues son transmisores de múltiples enfermedades.

La basura que se pueda acumular en los fondos de las casas o en los sótanos son el lugar ideal para la proliferación de estos roedores.

CAPITULO 10

Inicio de una correcta educación sexual

"La educación es el arma más poderosa que puedes usar
Para cambiar el mundo."

Nelson Mandela.

OBJETIVO GENERAL

Reconocer la existencia de dos sexos en las personas aceptando la dignidad de ambos y aprender las diferencias externas que los identifican.

Orientar a los docentes sobre lo que los niños y niñas de educación Infantil y primaria deben comenzar a saber sobre SIDA.

Consideraciones para el educador

Algunos de los problemas sociales que enfrentamos con los jóvenes en la actualidad, como pueden ser los embarazos y los abortos en madres adolescentes pueden tener su raíz en la falta de información y educación sexual que ha sido la gran ausente en los programas educativos de las últimas décadas.

Las razones son múltiples, mencionaremos sólo algunas:

- Los padres, salvo excepciones, no incluyen el tema sexual desde el comienzo de la vida de sus hijos pues demuestran, en general, inhibición sobre este tipo de información, motivada posiblemente por la educación recibida.
- La información sexual llega tergiversada a niños, niñas y adolescentes pues se la proporcionan entre sí.
- Los medios de comunicación fomentan un sexo "de consumo", Las imágenes utilizan el cuerpo con fines comerciales y marcadamente discriminatorios para las mujeres.
- Los docentes tienen pocos o ningún conocimiento de sexología.
- Los libros de texto, hasta hace muy poco, presentaban sus personajes *asexuados,* es decir sin órganos sexuales. La información que han incluido está siempre relacionada con la *reproducción.*

Es necesario incluir conceptos de educación sexual según el nivel que esté el niño o niña por las siguientes razones:

1. Si queremos dar una educación integral no podemos dejar de lado la *sexualidad* que es un componente fundamental en la persona.

2. Intentamos revalorizar una dimensión de la persona que influye significativamente sobre las demás, en especial sobre la emocional.

3. La forma de entender la sexualidad desde la infancia tiene consecuencias sobre su autoestima, sobre la comprensión de su fisiología y sobre su capacidad de comunicación.

4. Deseamos que desaparezcan los estereotipos y mitos y las irreversibles consecuencias que acarrea la ignorancia y falta de información.

5. El saber las cosas como son, acorde a la edad, asegura el progreso psicológico de los niños, posibilitando una personalidad sexual y socialmente responsable.

Información Sexual

La información sexual debe responder a las inquietudes propias de la edad. Las respuestas deben ser prudentes pero veraces.

Detallamos los espacios donde los profesores puede tratar el tema de la sexualidad para que asuma la transversalidad que ofrece el mismo.

En el nivel infantil la información sexual no tiene que estar integrada en el currículo, se debe aprovechar las situaciones que se presenten como puede ser un nuevo embarazo de la mamá de uno de los niños o de alguna maestra, el nacimiento de un o una hermanita, etc. situaciones que pueden dar la excusa para tocar el tema.

Los currículos de Conocimiento del Medio y Educación Física de primaria, ofrecen numerosas oportunidades de integrar el tema, ya que, a este nivel, la información sexual se debe centrar en el conocimiento e identificación del propio cuerpo y la higiene del mismo.

Enseñar al alumnado de una forma natural el nombre correcto de *todas* las partes del cuerpo humano sirve de ayuda a la desmitificación de que el cuerpo tiene zonas permitidas y zonas prohibidas, lo que sí deben aprender es que el cuerpo tiene partes que pueden ser expuestas y partes que son privadas.

Esto es sumamente importante para poderles impartir una primera enseñanza sobre posibles abusos sexuales por parte de terceros.

Nadie usaría vocablos diferentes para nombrar los codos, los tobillos, la nariz, etc., no es pedagógico buscar sustitutos para los pezones, los testículos, el pene, la vagina, el ano, etc.

Los niños deben crecer con la convicción que en su cuerpo todo es maravilloso y que todo es bueno, que lo que pueda ser bueno o malo es lo que se realiza con él y que incluso la sexualidad es buena cuando se la respeta y se la ejerce con dignidad.

La mano, tomando ese ejemplo, es siempre maravillosa, la diferencia está en lo que hacemos con ella, podemos saludar o podemos golpear a alguien con ella.

La seriedad y prudencia con que se transmita la verdad teniendo siempre en cuenta la edad de los niños es la forma correcta de contrarrestar la suspicaz información que sobre este tema reciben de sus padres o muchas veces de programas de televisión poco recomendables.

Educación Sexual

La educación sexual es mucho más que mera información, debe preparar a los alumnos y alumnas para tener una permanente actitud de respeto hacia el sexo, para que vayan orientando su vida afectiva y emocional libre de suspicacias y doble sentido.

Obviamente este tipo de educación aunque forme parte del currículo de Salud, debe estar incorporada a todo el marco educativo en que se mueve la comunidad escolar, especialmente en la actitud personal de cada uno de los maestros y maestras.

Es importante que en las reuniones, claustros o asambleas, o en las mismas facultades, se hable de este tema y se lleguen a unos acuerdos en la forma de enfrentarlo para que en la escuela no se viva la ambivalencia de que ante alguna duda de los estudiantes cada maestro contesta en forma diferente o evade la pregunta.

Sabemos que en la educación sexual el ambiente que más influye es la familia, pero muchas veces la escuela debe paliar estas lagunas que por diversas razones no son cubiertas en el hogar de la forma que debería ser.

Ante cualquier interrogante que puedan plantear el grupo clase se les debe responder con la mayor naturalidad, sin darle más trascendencia que la que ellos le han dado al hacerla.

Si en estas edades un/una maestra encuentra una parejita escondida, o un niño o niña, efectuándose tocamientos o mostrándose sus partes privadas, (estas cosas suceden alguna vez) no es recomendable hacer un escándalo.

Privadamente se les recordará que el sexo es tan serio y tan digno que no es para jugar y que si hay necesidad de esconderse para hacer lo que estaban haciendo es porque ellos saben que no se debe hacer.

Recordarles, si ya se les ha enseñado, y si no enseñarles, que las partes privadas se les llama así, porque no deben ser expuestas ni tocadas por otros.

Como norma general los docentes deben proceder de la siguiente manera:

- Tratar de contestar en forma natural, sea la pregunta que sea.
- No comentar a los otros las confidencias que los alumnos hagan.
- Contestar nada más que lo que preguntan, casi siempre se sienten satisfechos.
- Nunca se les humille diciendo: ¡¡¡Un niño o una niña como tú hablando de eso!!!.
- No enfadarse si en algún momento alguno usa una palabra vulgar u ofensiva, Se le corrige en un tono afectuoso y se le indicar cuál es la palabra que corresponde.

Primeras enseñanzas sobre abuso sexual

Aunque siempre es delicado hablar de este tema, dentro de un libro dedicado a la prevención se impone el mismo.

Dentro del capítulo dedicado a la prevención de la violencia lo ampliaremos, pero debe incorporarse esta orientación cuando se da información y educación sexual.

Los padres pueden pensar que prevenir es solamente recomendar que nunca acepten regalos de gente desconocida y mucho menos vayan a sucumbir a las invitaciones de extraños a subir un coche o pasear con ellos.

<u>No es suficiente</u>, **más del noventa por ciento de los abusos que se cometen con los niños los realizan personas del entorno familiar del mismo o conocidos de la familia dentro del propio hogar o en lugares de confianza de los niños.**

Es tal la devastación emocional que puede sentir un niño que debe vivir una experiencia semejante que los educadores (padres, madres y maestros) debemos estar conscientes que no se es anormal ni mal pensado por tratar de advertir la forma de prevenir estos incidentes.

Así como se les enseña reglas para conducirse en la calle para evitar los accidentes de tráfico, se les debe enseñar la prevención de incidentes como los que aludimos.

Los maestros deben tener bien presente que ningún niño o niña vejada es un niño feliz.

Cuando se enseña sobre las partes del cuerpo humano y se dice que aunque todas tienen la misma dignidad algunas pueden ser expuestas y otras son privadas, es el momento apropiado para manifestarles las tres reglas que todo niño debe aprender:

1. Nadie tiene derecho a tocar tus partes íntimas.

2. Nadie tiene derecho de obligarte a tocar las partes íntimas de otro.

3. Si alguien te pide que toques sus partes íntimas o si alguien toca o quiere tocar las tuyas, no debes guardarlo como un secreto, debes decírselo a tu mamá o a tu papá, aunque te hayan hecho prometer que no dijeras nada o aunque te amenacen de que va a ocurrir algo terrible si lo dices. Si por alguna razón temes contárselo a papá o a mamá cuéntalo a alguien que sepas que te puede proteger.

Esta información es válida tanto para las niñas como para los varones dado que ambos sexos pueden estar expuestos al abuso.

ATENCIÓN MAESTROS Y MAESTRAS:

No cometer el mismo error que cometen muchos padres que piensan que son fantasías de los niños o creen que están mintiendo. Los menores NO MIENTEN sobre temas que les da vergüenza confesar.

Hay equipos especializados que corroboran la información

Si sospecha o conoce alguna situación de abuso sexual, hay que comunicarla a la familia y autoridades competentes, y hacer un seguimiento de esta.

Lo que los maestros de Educación Infantil y primaria deben saber sobre VIH/SIDA

El VIH/SIDA no es algo ajeno a la escuela, hay que prevenir la conducta de los niños puesto que es una realidad la escolarización de niños afectados.

Una buena prevención tiene en cuenta también la superación de prejuicios, pero estos prejuicios muchas veces deben empezar por superarlos los propios maestros.

Recordemos para información de los maestros que la propagación del virus VIH se realiza de cuatro formas ya comprobadas por la ciencia:

1. Intercambio de jeringuillas o cualquier tipo de agujas. (tatuajes, perforar las orejas para pendientes o similares, etc.).

2. Relaciones sexuales con una persona que sufre esta condición sin protección y aún así es peligroso.

3. Madre con VIH embarazada que lo transmite al feto en gestación.

4. Transfusiones de sangre. (Actualmente se realizan controles rigurosos de la sangre antes de ser utilizada pero ha habido casos comprobados de contagio.)

Matricular niños con VIH no debe despertar temores ya que las precauciones a observar con ellos son las mismas que toda institución toma habitualmente con el resto de los estudiantes.

Agua, jabón, detergentes y clorox diluido en agua, siguen siendo los mejores agentes de limpieza y desinfección en el hogar y en la escuela.

Es importante asumir que en la convivencia escolar cotidiana, corren más riesgos los alumnos con esta condición que sus compañeros que no la tienen puesto que los primeros, al tener disminuido su sistema inmunológico, están más expuestos a otros virus y bacterias que siempre existen donde hay tanta concentración de niños y que se transmiten por el aire, comidas, contacto con los demás, etc.

La superación de los prejuicios es también parte de la ayuda que podemos dar a los afectados pues sufren más por la marginación que la sociedad les hace que por el problema en sí mismo.

La historia de la humanidad nos presenta situaciones similares a las que vivimos actualmente. Todo grupo social rechaza aquello que pueda hacerlo sentir amenazado en su supervivencia. El SIDA reúne todas las condiciones que hacen encender las luces de alarma a una comunidad.

En una enfermedad conocida desde hace menos de veinte años, infecciosa y transmisible y aún no se ha descubierto vacuna. Es humano tener miedo al contagio, es comprensible angustiarse al pensar que se está conviviendo con ella; rechazar los niños es el mecanismo de defensa que se activa en las personas responsables de las instituciones ante el supuesto peligro potencial que representa la enfermedad.

Los directores/as y principales de escuelas y colegios, pueden dudar muchas veces en aceptar niños en estas condiciones. Aunque conscientemente sepan que no puede haber contagio, también a conciencia saben que el compromiso que asuman les representará problemas con el resto de la comunidad escolar si no hay un consenso entre todos los que la conforman.

Todo lo antes dicho es comprensible, pero hay una realidad innegable, el SIDA está entre nosotros, convive ya con nosotros, los informes oficiales son una realidad innegable, así que dejemos ya la poca solidaridad y temores.

Los niños y niñas desde su comienzo en educación deben aprender:

- No tocar objetos que tengan manchas o estén sucias de sangre: la sangre puede tener gérmenes aunque la persona no esté enferma.
- Avisar a un adulto cuando un/a compañero o compañera se lastime.

La información que el alumnado debe recibir está dirigida a que sepan que el SIDA lo provoca un *virus* que se transmite de varias formas, una de ellas es por la sangre. Por este motivo hay que enseñarles que como práctica habitual, *no deben tocarse entre ellos las pequeñas heridas que puedan hacerse jugando*, porque aunque ninguno esté enfermo, *nunca hay que tocar sangre de otra persona.*

- Cuando se lastimen deben pedir que la persona que los cure tenga puestos guantes desechables.
  Los niños deben saber que existen medidas universales de precaución para tocar y vendar heridas. El uso de guantes evita las infecciones a los lastimados.

- No se deben tocar las "postillas" de granitos o pequeñas heridas.
  Explicar que las "postillas" son como tapitas que la piel hace para cerrar las heridas abiertas previniendo así las infecciones.

- No se deben meter en la boca lápices, gomas, caramelos, chicles, etc. mordidos o chupados por otros.
  Aunque la saliva no comporta riesgos en la transmisión del virus VIH, estas son elementales medidas higiénicas que evitan la transmisión de cualquier infección o enfermedad.

- No deben intercambiar cepillos de dientes
  Por la misma razón descrita en el párrafo anterior. De cualquier forma si en algún momento sucede, tampoco hay que alarmarse, dado que esto no implica riesgo en la transmisión del VIH.

- A observar medidas de higiene en los baños públicos.
  Aunque sentarse en un inodoro de un baño público (cine, centro comercial, bar, restaurante, gasolinera, etc), no implica una situación de riesgo en la transmisión del VIH, es una medida de precaución que se debe observar para evitar otro tipo de infecciones. Enseñando desde pequeños a que no compartan objetos personales de higiene estarán en condiciones de entender en la adolescencia que no deben compartir pendientes o pircings, ni cortaúñas, pinzas de cejas, maquinillas de afeitar, etc.

NO ES NINGUN RIESGO DE TRANSMISION *DE VIH :*

- Compartir el aula de clase .
- Viajar en el mismo coche o autobús.
- Usar el mismo baño.
- Bañarse en la misma piscina.
- Jugar con los mismos juguetes.
- Usar la misma ropa.
- Intercambiar libros, libretas, lápices, etc.

- Intercambiar asientos, almohadas, mantas, cubiertos, utensilios de cocina,etc.

CAPITULO 11

Seguridad, Prevención de Accidentes

Más vale prevenir...
que tener que lamentar"
Refrán Popular Español

OBJETIVO GENERAL

Intentar el desarrollo de conductas que ayuden a protegerlos de diferentes peligros que presenta la vida diaria, a prevenir los accidentes.

Diversas consideraciones para el educador

Importancia de la seguridad infantil

Prevenir accidentes es de fundamental importancia ya que. es la primera causa de muerte en los niños desde que nacen hasta los 15 años.

Los infantes hasta cinco años aproximadamente se accidentan sobre todo en el hogar. Cuando comienzan la escuela, un porcentaje de casi el 60% de los accidentes se produce en la escuela o en el trayecto a ella. El resto de los mismos se produce en el hogar o en lugares públicos.

La cocina es el lugar de la casa donde hay más accidentes, le sigue el baño, el salón y los pasillos.

En las escuelas los accidentes más frecuentes son las caídas y los golpes recibidos en juegos o deportes.

Características de los accidentes sufridos por niños y niñas de esta edad.

En orden de frecuencia se pueden mencionar:

Caídas y golpes:

Sobre todo en niños pequeños, por subirse a los muebles, subir o bajar escaleras, asomarse a ventanas y balcones, etc. Representan la mitad de los accidentes.

Accidentes relacionados con vehículos motorizados:

En los países occidentales constituyen alrededor del 15% de los accidentes en los niños, pero son los que tienen mayor incidencia de mortalidad. Los niños sufren accidentes como pasajeros en los vehículos de la familia, como peatones por cruzar sin mirar o por jugar en la calle, o como ciclistas siendo atropellados por diferentes clases de vehículos.

Intoxicaciones y envenenamientos:

Cada día hay más productos químicos en el hogar. Esto facilita los accidentes por ingestión de los mismos. Pueden ser con todo tipo de medicamentos, productos químicos de limpieza, jardinería o fumigación, pinturas, etc.

Quemaduras e incendios:

La mayoría de ellos se producen en la cocina, horno encendido, caída o derrames de ollas o sartenes con líquidos o aceite hirviendo, o en el baño por la inesperada salida de agua muy caliente.

Cerillas o fósforos, encendedores, mecheros, aparatos eléctricos son peligrosísimos en manos de los niños, y significan también un riesgo potencial de incendios.

Asfixia y Ahogos:

Producidos habitualmente por la ingestión de objetos pequeños como botones, caramelos, pequeños juguetes o partes de juguetes, comidas varias, semillas, etc.

La bañera en los más pequeños y las piscinas a medida que crecen son los lugares más comunes donde se asfixian los niños por inmersión. Un niño se puede ahogar en una cuarta de agua.

Dormir con adultos e introducir la cabeza en bolsas de plástico son también causas de accidentes de esta clase.

Accidentes eléctricos:

Pueden producir desde quemaduras leves hasta electrocuciones con muerte instantánea. Aunque la mayoría se producen en el hogar por aparatos eléctricos defectuosos o en mal estado de conservación, se debe enseñar a los niños a evitar el contacto con cables sueltos en la calle, antenas en los techos, etc.

Accidentes con armas de fuego:

Jamás las armas deben estar al alcance de los niños aunque estén descargadas. Casi siempre este tipo de accidente es mortal así que si en la casa hay un arma se deben tomar las máximas precauciones.

Circunstancias que condicionan los accidentes infantiles

La mayoría de los accidentes infantiles se podrían evitar con una adecuada prevención.

En un alto porcentaje de accidentes infantiles las causas son :

- Descuido o negligencia de los adultos.
- Los niños en general carecen de la conciencia de peligro y no piensan en los riesgos.
- Son incapaces de establecer la relación causa-efecto en sus comportamientos imprudentes.
- Necesidad de exploración y conocimiento del medio en que se desenvuelven.
- Imitación de estereotipos (héroes como *Superman, Spidermnan Tarzán,*)
- Diversos desajustes psicosociales.
- Conflictos familiares
- La edad, es un condicionante importante en el tipo de accidente.
- Género, los varones se accidentan con más frecuencia que las niñas.

Prevención de accidentes en la infancia

¿Cómo prevenir las caídas?

- Enseñarles a subir y bajar escaleras enfatizando los riesgos que tiene.
- No usar zapatos ni zapatillas con suelas resbaladizas.
- Los zapatos o zapatillas deben corresponder al número que calza el niño.
- Ventanas y balcones deben permanecer cerrados sin dejar sillas ni muebles cerca donde los pequeños puedan asomarse.

- Iluminar pasillos y escaleras.
- Poner una superficie antideslizante en la bañera.
- Las camas literas deben tener barandillas de seguridad.

¿Cómo prevenir los accidentes de tráfico?

1.-Instruir al alumno para que mantengan un comportamiento correcto como peatones.

- Caminar siempre por la acera procurando no estar cerca de la carretera.
- Respetar los semáforos (Cruzar solamente cuando está en verde)
- Cruzar siempre por el paso de peatones.
- Mirar a izquierda y derecha antes de cruzar.
- Si no hay luces cruzar la calle cuando no vienen coches, después de mirar en ambas direcciones.
- No jugar en la carretera.

2.- Instruirlos como ciclistas o patinadores. Estos accidentes suceden por causa de bicicletas triciclos, patines y patinetes.

- Nunca usar triciclos o bicicletas en la acera si no hay un adulto.
- Nunca bajar a la carretera con triciclos o bicicletas.

3.-Instruirlos como pasajeros

- Si es en coche deben ir siempre en los asientos de atrás.
- Si el coche tiene cinturón de seguridad se lo debe colocar.
- Si aún tiene silla especial en el coche debe sentarse en ella obedientemente.
- No debe jugar con los abridores de las puertas ni con los botones de apertura de las ventanillas.
- Si va en autobús debe sentarse manteniéndose sujeto del asiento en caso de frenada repentina,
- No viajar en las escaleritas de entrada o salida de los autobuses.
- No subir ni bajar con los vehículos en marcha.

¿Cómo prevenir las intoxicaciones y los envenenamientos?

- Nunca ingerir medicinas que no sean administradas por mamá o papá.
- Nunca ingerir pastillas que aunque parezcan golosinas no se está seguro que lo son.
- Nunca beber líquidos que estén en vasos y botellas abiertas si no se ha visto quien los sirvió.
- No jugar con los líquidos de limpieza, ni para el jardín, ni para fumigar.

¿Cómo prevenir las quemaduras?

- Tratar de no estar en la cocina mientras se está cocinando.
- Nunca tratar de coger las asas de sartenes u ollas que sobresalen del fuego.
- No tocar objetos calientes.
- No acercarse al horno encendido.
- No jugar con cerillas o encendedores o mecheros.
- En el baño, abrir primero el agua fría.

¿Cómo prevenir la asfixia?

- Nunca meterse en la boca objetos pequeños como botones, semillas, piezas de juguetes desarmables, etc.
- Tener sumo cuidado cuando se chupen caramelos, gominolas etc...
- No mascar chicles, y si lo hacen no deben tragárselo.
- Masticar bien la comida procurando no hablar con la boca llena.
- Cuando se come carne, llevarse pedazos pequeños a la boca para que sea más fácil tragar.
- Nunca meter la cabeza en bolsas de plástico.
- No manipular bombonas o estufas a gas.

¿Cómo prevenir el ahogo por inmersión?

- Aprender a nadar lo más pronto posible.
- No meterse en el mar ni en la piscina sin supervisión adulta.
- Si no saben nadar, usar salvavidas en la piscina.
- En la playa, quedarse en la orilla.
- No utilizar colchonetas inflables en el mar.
- No acercarse a las piscinas, pozos, estanques, etc.

¿Cómo prevenir los accidentes eléctricos?

- No jugar con aparatos eléctricos.
- No meter los dedos en los enchufes.
- No meter objetos dentro de los enchufes.
- Nunca tocar cables sueltos en la calle, en el jardín, en la casa.
- Nunca encender una lámpara o aparato eléctrico estando descalzo o con las manos o pies mojados.

¿Cómo prevenir accidentes con armas de fuego?

- No tocar nunca un revólver, ni pistola, ni escopeta aunque se crea que son de juguete y mucho menos apuntarle a nadie, ni apuntarse uno mismo con ellas.

EL BOTIQUIN, EMERGENCIAS Y PRIMEROS AUXILIOS

Si no hay enfermería en la escuela debe haber un botiquín de primeros auxilios.

Para que el botiquín de la escuela sea útil, además de tenerlo en condiciones tiene que haber alguien que sepa usarlo correctamente.

Nombrar un/a responsable del botiquín en la escuela.

Es muy bueno que este responsable del botiquín tenga un equipo de estudiantes de los cursos superiores, que puedan hacerse cargo de problemas menores como desinfectar una herida pequeña o poner una tirita.

El botiquín debe estar equipado tanto de materiales para curar heridas como de medicamentos de emergencia, recordando que muchos de estos tienen un período de caducidad y hay que renovarlos.

El botiquín debe guardarse fuera del alcance de los más pequeños, debe estar marcado con una cruz roja y que no esté cerrado con llave, para que, en caso de urgencia pueda ser abierto rápidamente.

Tener en lugar visible los teléfonos de emergencia y direcciones y teléfonos de médicos o de salas de emergencia cercanas.

Es conveniente que uno de los maestros haya recibido un curso de primeros auxilios para enfrentar contingencias graves como pueden ser traumatismos serios, hemorragias o dificultades broncopulmonares, hasta que llegue la ayuda profesional solicitada o pueda trasladarse al herido o enfermo al hospital. Saber hacer la RCP es vital (reanimación cardio pulmonar). Así como la maniobra Heimlich en caso de atragantamiento.

Materiales e Instrumentos para curar

- Pinzas
- Tijeras (una pequeña curva y una más grande con punta)
- Antiséptico (yodo, mercromina o mercurio)
- Alcohol
- Agua oxigenada
- Gasas esterilizadas

- Vendas pequeñas y grandes
- Algodón
- Tiritas
- Esparadrapo
- Guantes desechables

Conservar este material en las mejores condiciones

- Utilizarlo sólo para curar, nunca para cortar papel, cintas, cuerdas, etc.
- Guardar pinzas y tijeras en una caja de metal que luego de usadas puedan ser nuevamente esterilizadas.
- Gasas y algodón deben ser estériles.

Medicamentos

- Un caja de aspirinas
- Una de aspirinas para niños.
- Un colirio antiséptico
- Un antinflamatorio (para golpes o torceduras)

RECOMENDACIONES ESPECIALES PARA QUE LOS ADULTOS REALICEN.

La seguridad de los alumnos en estos niveles escolares está determinada por el equilibrio que existe entre protección por parte de los adultos y responsabilidad por parte del niño.

Los niños no tienen aún consciencia de responsabilidad sobre sí mismos, hay que enseñarles y mientras la aprenden se les debe proteger de forma absoluta. A medida que aumenta la responsabilidad sobre sí mismo irá disminuyendo la protección de los mayores.

Es importante que los maestros tengan, y se los transmitan a padres y madres, unos conocimientos mínimos sobre las posibles causas de accidentes y las circunstancias que los favorecen.

Gracias a estas informaciones se evitarían mucho de los accidentes que ocurren en el hogar, como intoxicaciones (por productos químicos o medicamentos dejados al alcance de los niños) quemaduras (coger ollas o sartenes del fuego, tomar líquidos demasiado calientes, o bañarse en agua muy caliente, usar indebidamente aparatos eléctricos o de gas encendidos, acercamiento a chimeneas.) asfixias (con bolsas de plástico o por ahogarse con comida, botones, etc.), electrocuciones, etc.

La larga lista de posibles accidentes contenida en este libro puede dar lugar a la confección de un sencillo folleto hecho en fotocopia y distribuido a los hogares a través de los niños.

CAPITULO 12

Prevención sobre consumo de drogas legales

*"Todo el mundo sabe que el tabaco es nocivo para la salud.
Pero casi nadie sabe <u>cuan nocivo</u> es"*
Drs Richard Doll y Richard Peto.

OBJETIVO GENERAL

Informar que el tabaco y el alcohol, aunque legales, entran dentro de la categoría de drogas ya que ambas son sumamente adictivas y que, aunque ocasionan múltiples trastornos a quienes las usan son las más consumidas en nuestras sociedades occidentales y las de más temprana iniciación.

Informar sobre el peligro de adicción a los medicamentos y alertar sobre los productos de uso doméstico que usados como inhalantes pueden convertirse en drogas de consumo infantil.

Diversas consideraciones para el educador

Información sobre el tabaco

Breve Historia:

El tabaco es originario de América y su consumo formaba parte de las culturas indígenas que fumando, mascando o aspirando lo usaban como medicina y como forma de, según ellos, comunicarse con sus dioses.

Los conquistadores llevaron a España y Portugal hojas de tabaco, planta desconocida en el Viejo Mundo, donde se difundió rápidamente el hábito de fumarlo en forma de hojas enrolladas (posteriormente se llamaron habanos). En Francia se popularizó como rapé aspirándolo, y fumado o mascado en Inglaterra.

La fama de *planta medicinal* favoreció la rápida expansión del tabaco en el mundo. Los portugueses lo llevaron al norte de África y a la China y los mercaderes judíos al resto de los países de Oriente y Turquía.

Su consumo se generalizó cuando en el siglo XIX aparecieron máquinas para la fabricación de cigarrillos y se simplificó su masiva comercialización.

Las industrias tabacaleras transnacionales universalizaron el producto y al mismo tiempo que lo convirtieron en un floreciente negocio crearon uno de los principales problemas socio-sanitarios de los Siglos XX y XXI.

Plantación de hojas de tabaco

a) *Componentes nocivos del humo del tabaco*

Estos componentes nocivos son:

1. **Nicotina**: es el principal alcaloide del tabaco. De naturaleza volátil, el fumador se ve obligado a inhalaciones profundas para que llegue a los pulmones y de allí a la sangre. Una vez en el torrente sanguíneo se necesitan solo unos segundos para que llegue al cerebro, es un estimulante del SNC (Sistema Nervioso Central).
Como la nicotina genera dependencia fisiológica y tiene una duración aproximada de dos horas en el organismo, a partir de ese tiempo su concentración en la sangre va disminuyendo y el fumador empieza a sentir la necesidad de volver a fumar.

2. **Monóxido de carbono**: gas incoloro muy tóxico que actúa combinándose con la hemoglobina de la sangre disminuyendo la oxigenación de los tejidos.

3. **Sustancias irritantes**: estas sustancias producen la detención de los *cilios* que tapizan la mucosa del sistema respiratorio y limpian al mismo de los microrganismos que puedan afectarlo. Estas sustancias son las responsables de la tos y del incremento de la mucosidad característica de los fumadores.

4. ***Alquitranes o sustancias cancerígenas:*** está demostrada la relación que existe entre el consumo de tabaco y las distintas formas de cáncer que se le atribuyen. (cáncer de pulmón y laringe en especial y en menor incidencia en los cánceres de boca, faringe y esófago)

b) Patologías asociadas al consumo de tabaco

Los fumadores tienen una tasa de mortalidad superior en un 70% a la de los no fumadores. Esta es la consecuencia de las distintas enfermedades que desarrollan aquellos a nivel de aparato respiratorio, patologías cardiovasculares, problemas digestivos y otras enfermedades.

Bronquitis crónica, enfisema pulmonar, cáncer de pulmón, arterioesclerosis, enfermedades coronarias, úlcera gastroduodenal, esofagitis, entre otras, son algunas de las muchas patologías que directa o indirectamente están asociadas al consumo de tabaco.

c) Efectos y consecuencias del consumo del tabaco en el organismo humano, a corto y largo plazo.

Al ser, como hemos dicho, un estimulante del sistema nervioso central, aunque temporalmente produzca relajación, también produce a corto plazo, cansancio, inapetencia, diversas dificultades respiratorias, ronquera, tos, flemas, disminución del sistema inmunológico y serias incidencias en el feto durante el embarazo.

A largo plazo aumenta la frecuencia cardíaca, y la tensión arterial, aumenta el colesterol favoreciendo la arterioesclerosis. Ocasiona también complicaciones broncopulmonares, cardiovasculares y digestivas y está relacionado con los distintos tipos de cáncer.

Dejar de fumar produce síndrome de abstinencia (desesperados deseos de fumar) que se caracteriza por fatiga, irritación, ansiedad, mal humor, insomnio, disminución de la frecuencia del pulso y aumento del apetito con el consiguiente aumento de peso.

d) La importancia de desalentar desde temprana edad el uso del tabaco

El fumar es una conducta voluntaria aprendida que termina convirtiéndose en dependencia.

Los niños de educación temprana saben muy poco de drogas y mucho menos de la diferencia que hay entre drogas legales e ilegales, pero sí muchos de ellos experimentan en su hogar o en lugares públicos los efectos negativos del tabaco que consumen los adultos en su ambiente familiar o social.

Los niños de estas edades piensan y aprenden de forma concreta, les cuesta pensar en forma abstracta y comprender consecuencias futuras. La única forma de demostrarles el daño que el humo del cigarrillo puede hacer en el organismo del fumador o del que, aunque no fume, está expuesto en forma permanente al mismo, es apelando a experiencias.

El malestar que sienten cuando se entra a una habitación o a cualquier local donde hay gente fumando y que puede provocar accesos de tos o lagrimeo a los no fumadores, es una vivencia ya conocida por la mayoría, que puede servir de motivación para iniciar el tema y hacer comprender lo negativo que es fumar.

Información sobre el alcohol

Breve Historia

Se piensa que ya en períodos como el mesolítico y el neolítico se conocían las bebidas alcohólicas, es decir desde que el hombre fue capaz de almacenar adecuadamente los líquidos azucarados obtenidos de los frutos y granos.

Las antiguas civilizaciones deificaban las bebidas alcohólicas. Los efectos de éstas formaban parte de lo religioso, de lo mágico o lo sobrenatural. En Grecia, Roma, Egipto y Mesopotamia así como en las civilizaciones precolombinas el alcohol fue siempre parte importante de ritos y costumbres.

La destilación que comienza a practicarse alrededor del siglo XI da a conocer otro tipo de bebidas alcohólicas, diferente de las naturales, que se fueron incorporando a todas las culturas de épocas sucesivas.

a) La droga legal más extendida en la sociedad

Actualmente el alcohol es la droga más difundida, más integrada y más socialmente aceptada. Muy pocas personas piensan en droga cuando se habla de alcohol y mucho menos los jóvenes que se inician en su consumo cada vez más temprano. El "botellón" se está socializando cada vez más.

En torno al alcohol se han tejido una serie de mitos que sirven de excusa para consumirlo.

- *El alcohol no es un alimento:* las calorías momentáneas que da el alcohol se queman rápidamente.
- *El alcohol no calienta:* la dilatación de los vasos sanguíneos produce una sensación de calor que no dura demasiado.

- *El alcohol no es un estimulante:* por el contrario, es un depresor del sistema nervioso central. Produce desinhibición dando al consumidor una falsa sensación de euforia.
- *El alcohol no abre el apetito:* aumenta las secreciones gástricas y produce contracciones similares a la sensación de tener hambre.
- *El alcohol no previene las enfermedades coronarias:* por el contrario afecta la musculatura cardíaca.
- *El alcohol no es un estimulante sexual:* la bebida puede despertar el interés por el sexo pero impide la capacidad de realizarlo porque al ser un depresor del sistema nervioso central afecta los nervios periféricos.
- *El alcohol no hace más amable a la gente:* frecuentemente quien bebe mucho se torna desagradable, agresivo o violento.

b) El alcohol no es inofensivo

Produce una cantidad de efectos negativos tanto a nivel orgánico, como psicológico y social.

La personalidad del alcohólico se afecta mucho antes que aparezcan las patologías orgánicas que desarrolla, se presenta irritable, alterado, se vuelve cada vez más hostil y agresivo con los consiguientes problemas familiares y laborales.

c) Efectos y consecuencias del consumo de alcohol a corto y largo plazo.

Orgánicos:

El consumo excesivo de bebidas alcohólicas produce efectos inmediatos como acidez, vómitos, diarreas, dolor de cabeza, etc.

A largo plazo provoca enfermedades gastrointestinales, cardíacas, musculares, neurológicas, trastornos sexuales y problemas en el embarazo.

Psicológicos:

El alcohol produce una sensación de embotamiento afectando la capacidad de atención, coordinación, reflexión y control social. Despierta funciones primitivas como irritación, agresividad, confusión, delirio y alucinaciones.

Provoca pérdida de memoria, insomnio, disminuye los reflejos, produce dependencia tanto física como psíquica y desarrolla tolerancia.

Sociales

El alcohol es directo o indirecto responsable de problemas familiares, laborales, accidentes de tráfico, alteraciones del orden, conductas delictivas, homicidios, suicidios, etc. además de ser muchas veces, la puerta de entrada al consumo de otras drogas.

d) Énfasis en el consumo de bebidas naturales para desalentar desde la infancia el consumo de alcohol.

En general, los niños han disminuido el consumo de leche y diariamente beben menos de la que necesitan.

La intensa propaganda a través de los medios de comunicación, especialmente la televisión, ha propiciado el aumento del consumo de bebidas gaseosas con gran contenido de azúcares o zumos que aunque digan que son naturales, tienen un alto porcentaje de químicos y colorantes.

Aunque la alimentación del escolar, como ya hemos dicho, está influenciada por el nivel socioeconómico de la familia, son frecuentes los desayunos rápidos e insuficientes motivados por la prisa con que se vive. Muchas veces los niños llegan a la escuela en ayunas por descuido y no por falta de medios económicos.

En la medida que la familia pueda hacerlo, se debe alentar el consumo de zumos cítricos naturales o jugos de zumos frescas hechos en la licuadora *o similares.*

INFORMACION PARA EL MAESTRO SOBRE OTRAS DROGAS LEGALES

Medicamentos:

En el Capítulo 9 se ha tratado este tema respecto al control de medicamentos en relación con el tratamiento o cura de diferentes enfermedades mencionando la mala costumbre que significa la *automedicación.*

En este capítulo trataremos los medicamentos como drogas que, aunque de uso legal, el abuso de las mismas puede transformarse en *adicción.*

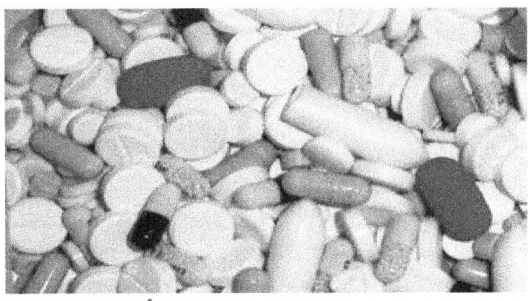

Breve Historia de los Medicamentos

Desde los albores de la historia se han utilizado sustancias para combatir las enfermedades. Muchas de ellas, capaces de crear dependencia y adicción son anteriores al *Vademecum* de Discorides en la antigua Grecia.

Los aztecas, cultivaban para uso médico más de tres mil especies vegetales y los incas utilizaban la corteza de quina para el tratamiento del paludismo

Hasta finales del siglo XIX, principios del XX la mayoría de los productos medicinales eran de origen vegetal.

Durante el siglo XX el uso de sustancias naturales comienza a ser remplazado por sustancias de síntesis elaboradas y comercializadas por las empresas farmacéuticas.

En la actualidad, se da el fenómeno que cuanto más evoluciona un país a nivel social y económico donde, se supone, los problemas sanitarios están más controlados, sin embargo se registran aumentos sin precedentes en el consumo de toda clase de medicamentos.

A pesar de la cantidad y variedad de los mismos, trataremos sólo aquellos de uso popular más extendido. Muchos de ellos, sobre todo los *estimulantes* y los *psicofármacos depresores,* son consumidos en forma abusiva, sin embargo rara vez se usa la palabra *adicto* para calificar al consumidor.

ESTIMULANTES:

Son todos aquellos derivados de la *anfetamina.* Su uso terapéutico combate el agotamiento, cansancio, sueño y se utilizan para inhibir el hambre en los tratamientos para adelgazar. Se administran en forma oral o inyectada.

Efectos Orgánicos:

Después de su consumo, se registra agitación, verborragia, disminución del apetito, dilatación de las pupilas, insomnio, sequedad de boca y taquicardia. En algunos casos puede causar excesiva transpiración y hasta aumento de la temperatura corporal.

El consumo de anfetaminas disminuye la fatiga, la persona puede exigirse físicamente hasta llegar al agotamiento con grave riesgo de lesiones musculares y colapsos, como en los casos de *doping* de atletas y deportistas.

Consumir estimulantes en forma habitual puede ocasionar alteraciones cardiovasculares y problemas hepáticos.

Producen dependencia física y psicológica y desarrollan *tolerancia*, es decir que se necesita cada vez mayor dosis para sentir los mismos efectos.

Tras los efectos de la sustancia la persona se siente somnolienta, tiene dolores musculares y cansancio.

Efectos Psicológicos:

Un consumo mínimo, realizado en forma ocasional, produce aumento en el estado de alerta.

Dosis altas producen euforia intensa pero incoherente estimulación intelectual. El uso habitual puede provocar alucinaciones, paranoias, dificultades en la concentración y razonamiento y singular aumento en los comportamientos agresivos.

El consumidor crónico puede verse expuesto a un deterioro mental irreversible.

PSICOFARMACOS DEPRESORES:

Son muchas las sustancias que actúan como depresoras del sistema nervioso central. Se usan terapéuticamente para calmar la ansiedad, como relajantes musculares, combatir el insomnio y calmar los dolores.

Entre los psicofármacos depresores podemos mencionar los *barbitúricos* utilizados como calmantes de la ansiedad, los *analgésicos* como calmantes del dolor y los *anestésicos* para facilitar las prácticas médicas dolorosas y combatir los dolores posteriores a las mismas.

Cuando estas drogas no son usadas terapéuticamente, se consumen mezcladas con otras, especialmente con alcohol, potenciando así los efectos depresores. Esta práctica pone en grave riesgo la salud, y a veces hasta la vida del consumidor.

Efectos orgánicos:

El consumo permanente de psicofármacos depresores puede producir alergias, temblores, transpiración excesiva y problemas gastrointestinales.

Con dosis altas se presenta falta de equilibrio, disminución del tono muscular, boca seca y escalofríos. Una dosis excesiva puede ser mortal pues produce depresión respiratoria.

Efectos psicológicos:

Un consumo moderado disminuye la ansiedad y la tensión emocional. Aumentar la dosis provoca sueño, un consumo continuado produce hablar confuso, desorientación, falta de coordinación motora e incapacidad de razonar.

El uso abusivo da como resultante un estado permanente de confusión, inestabilidad emocional con estados alternos de ansiedad y depresión.

Inhalantes

Así se denominan una cantidad de sustancias de uso doméstico o industrial que se consumen aspirando o inhalando los olores que emanan.

Pueden ser disolventes como el *thiner* o quitaesmaltes, sustancias en "sprays", pinturas, diferentes colas o pegamentos, entre otros.

Nunca se había conocido el consumo de estos productos con fines adictivos, pero, provocado posiblemente por el elevado costo de otro tipo de drogas o la imposibilidad de conseguirlas, comenzaron a popularizarse entre los menores de doce años.

Los primeros casos conocidos fueron informados por los medios de comunicación, existiendo la posibilidad de haber despertado la curiosidad de otros menores que comenzaron a experimentar.

Es por eso que esta información sobre sustancias es única y exclusivamente para los profesores, considerando que muchos de los productos que pueden servir para ser aspirados están ya al alcance de los alumnos desde el nivel preescolar.

Para hacer prevención de los inhalantes es mejor enfatizar la importancia de cuidar el sentido del olfato e informar sobre los riesgos que corre el cerebro cuando se aspiran olores químicos fuertes. Es mejor no mencionar la posibilidad de uso de estas sustancias como drogas, para no despertar la curiosidad de la experimentación.

El inicio de los niños en el consumo de inhalantes tiene la característica de las otras drogas: el *proselitismo*. Normalmente el ya iniciado induce a sus amigos a probar "una droga sin importancia" y así el grupo de consumidores se amplía.

La timidez, el miedo a sentirse rechazado y la curiosidad son los factores determinantes en la iniciación al consumo que puede situarse entre las edades de siete a doce años.

Efectos:

Producen síntomas de euforia, sensación de sentirse importante, inquietud, delirios, alucinaciones y pérdida del autocontrol.

Aunque en principio estimulan, son también depresoras del sistema nervioso produciendo efectos comparables al alcohol como confusión y desorientación. La persona se comporta como si estuviera bajo los efectos de una borrachera.

Los inhalantes crean una fuerte dependencia psicológica, causan importantes daños físicos y pueden provocar la muerte por asfixia.

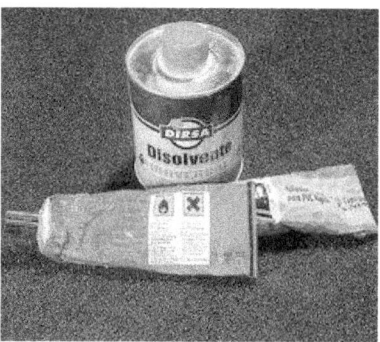

Productos frecuentes en la sala de tecnología que pueden ser inhalantes

INFORMACIÓN PARA EL MAESTRO SOBRE ALGUNAS DROGAS ILEGALES

Cannabis - Marihuana

Breve historia

Procede de una especie de cáñamo conocido en botánica como *cannabis sativa*. Recibe diferentes nombres dependiendo del lugar de aclimatación y origen. Se conoce con el nombre de *marihuana*, aunque los jóvenes la llaman con muchos otros nombres como *yerba, pasto, maria,* por mencionar algunos.

Lo más antiguo que se sabe de su consumo se encontró en una farmacopea china donde figura como tratamiento de diversas afecciones físicas y mentales. Fue planta sagrada para los hindúes, y consumida en celebraciones religiosas por asirios e iraníes El primer testimonio lo recoge Herodoto en su "Historia de las Guerras Médicas" en descripciones de ceremonias funerarias.

Fue utilizada también por griegos y romanos, pero es con los árabes que tiene mayor difusión en el norte de África. Llegó a Europa en el Siglo XIX llevada posiblemente por los soldados de Napoleón después de las campañas africanas.

Es en América Central donde se originan las primeras plantaciones en el Nuevo Mundo, entrando luego el producto a los Estados Unidos, donde, a finales de la década del sesenta, se generalizó su consumo a través del mundo de la música y de la burguesía intelectual, llegando en forma progresiva a la población en general y muy especialmente a los jóvenes.

Los componentes activos se encuentran en toda la planta, pero sobre todo en la resina que produce, la principal es el llamado THC (tetrahidrocannabinol), los efectos de su uso dependen precisamente de la cantidad de concentración de THC que tenga la sustancia fumada.

Efectos físicos:

A corto plazo: su efecto comienza apenas transcurridos breves minutos y se prolonga entre dos y tres horas dependiendo de la cantidad consumida y si ha sido mezclada o no con otras drogas.

Produce aceleración del pulso, enrojecimiento de los ojos, debilidad muscular, disminución de la presión arterial y un apetito voraz. Una posterior somnolencia sustituye estos primeros efectos.

A largo plazo: Provoca pérdida de energía, pensamiento lento y confuso y falta de interés por actividades que requieran previa planificación. Al suprimir su consumo se producen temblores, trastornos del sueño y debilidad.

Efectos psicológicos:

A corto plazo: Si no se ha consumido demasiado, los efectos son sensación de euforia, hablar y reír en forma exagerada, aumento de las sensaciones táctiles, gustativas y auditivas. Mayor consumo provoca distorsión de la percepción espacio-tiempo, alucinaciones, sueños y fantasías.

A largo plazo: deterioro de la memoria inmediata, alteración del pensamiento lógico y disminución de la capacidad de atención. Se acentúan la ansiedad, la irritabilidad, las depresiones y las dificultades en las funciones cognitivas.

Su consumo habitual produce dependencia psíquica y tolerancia.

El consumo de marihuana aumenta la posibilidad de accidentes de todo tipo y puede suponer una puerta de entrada al consumo de otras drogas.

Su uso crónico provoca el llamado *síndrome de la desidia* o *síndrome a motivacional.* Esta condición se caracteriza por cambios en la personalidad que conducen a la apatía, la total despreocupación por el futuro, la pérdida de la lógica ambición de progreso que debe existir en los jóvenes y la disminución en el rendimiento académico si estudian, y rendimiento laboral si trabajan.

No todos los que fuman marihuana se vuelven adictos pero los estudios indican que muchos de los drogodependientes han comenzado por consumir marihuana.

Cocaína

Es una droga estimulante con un poderoso efecto sobre el sistema nervioso central.

Breve Historia

Las hojas de coca provienen de pequeños arbustos que crecen en la zona de la Cordillera de Los Andes de los países centro occidentales de la América del Sur. Los incas la consideraban planta sagrada y con el *coqueo* (masticar continuamente las hojas) combatían el hambre, la sed y el cansancio. La usaron también como anestésico.

Posteriormente en los países de la zona se difundió esta costumbre para paliar la sensación de hambre haciendo una especie de bola en la boca y añadiéndole ceniza para mitigar los efectos adictivos de la cocaína.

En la actualidad estos países tienen serios problemas para controlar la producción y exportación ilegal de hojas de coca, materia prima en la fabricación de la cocaína que es distribuida ilegalmente en la mayoría de los países industrializados que, a su vez, la producen también por síntesis químicas en sus laboratorios.

A principios del siglo XX la cocaína comenzó a aspirarse nasalmente. Se popularizó también por ser ingrediente de un popular refresco que tomó como primer nombre el de las hojas del arbusto mencionado, aunque ya en 1903 dejó de ser componente de esta bebida.

Efectos a corto plazo

Sus efectos duran de cuatro a ocho horas aproximadamente, producen rápidamente una intensa sensación de euforia con posterior depresión y un agudo estado de alerta con posterior indiferencia, inclusive al dolor.

Efectos a largo plazo

Pérdida del apetito, desarreglos en el sistema digestivo, paranoia, desnutrición. El hábito de aspirarla provoca el deterioro, a veces total, del tabique nasal. Para evitarlo, actualmente también se fuma o se inyecta aumentando el riesgo de sufrir enfermedades infecciosas.

Aunque no produce una dependencia física instantánea crea una altísima dependencia psicológica lesionando gravemente la personalidad del consumidor.

Problemática actual que presenta esta sustancia

El consumo de cocaína ha sido un fenómeno creciente ya que equivocadamente se la asoció con el éxito laboral, la posición social y la fama artística.

Es un error también, pensar que es la droga de la gente importante o adinerada ya que aunque es más fácil que se publicite cuando es consumida por personajes conocidos, los consumos pueden darse en todas las clases sociales y en todos los niveles económicos.

La realidad es que consumir cocaína es el comienzo de un camino dramático donde se puede perder todo porque, aunque es tan peligrosa como la heroína, ésta produce grave deterioro de la salud en poco tiempo, pero en el caso de la cocaína durante un tiempo que va de tres a cinco años se produce un "silencio clínico" en el que parece que no pasa nada hasta que comienzan a manifestarse los efectos a largo plazo ya descritos.

Heroína

La heroína está clasificada dentro del grupo de los depresores. Se trata de una droga *opiácea* o de síntesis de las que suprimen el dolor e inducen al sueño.

Breve historia de la heroína

El **opio** conocido como "hierba del sueño" es el producto final de la resina de una planta llamada *"papaver somniferum"* similar a la amapola que crece en zonas templadas y húmedas.

Su utilización es anterior a veinte siglos antes de la aparición del cristianismo. Del opio se obtiene la **morfina,** valioso anestésico usado largamente en cirugía. Por medio de un tratamiento químico llamado *acetilación* se obtiene un derivado de suma potencia: la **heroína** cuyo uso es ilegal, incluso con fines terapéuticos.

Puede ser aspirada, fumada o inyectada en vena. Es altamente adictiva tanto física como psicológicamente.

Efectos a corto plazo: provoca una sensación intensa de relajación con reducción del dolor y de la ansiedad. El "flash" que produce inicialmente se transforma en somnolencia, inhibición de la libido y pérdida del apetito.

Efectos a largo plazo: deterioro mental, notable pérdida de peso, malnutrición, bronquitis, si es inyectada propicia los casos de hepatitis, SIDA y riesgo de muerte por sobredosis.

Problemática actual

Es una sustancia que, aunque ha bajado levemente su consumo pues al ser una droga inyectada aumenta el riesgo de infección del virus VIH que produce el SIDA. Muchos usuarios han cambiado de droga pasándose entonces a la cocaína.

Alucinógenos

Bajo este nombre se agrupan una serie de sustancias que producen distorsión en la percepción de las cosas y de las situaciones.

Los alucinógenos pueden ser naturales como el procedente de algunos hongos mexicanos llamado *psilocibina* o la *mezcalina* procedente del cactus Peyote.

También están los alucinógenos producidos en laboratorios como sustancias sintéticas que recogen los principios activos y actúan como perturbadores del sistema nervioso central. La más conocida de estas sustancias es el *L.S.D.* abreviatura alemana de la *dietilamina del ácido lisérgico* descubierta en forma accidental en un laboratorio alemán en 1938 mientras se trabajaba con un hongo del centeno.

Entre otros alucinógenos sintéticos se encuentra el llamado *Polvo de Angel* que es el hidrocloruro de feniclidina y otros muchos, pero el más conocido es el nombrado L.S.D. y la descripción de sus efectos se admite como igual a la que producen el resto de ellos.

Efectos físicos:

Produce midriasis (dilatación de la pupila), temblores, náuseas, palidez, sudoración, taquicardia, congestión de la conjuntiva, aumento de la temperatura corporal y de la presión arterial.

Efectos psicológicos

Produce ciclotimia (cambios de humor) entre una eufórica alegría y la tristeza depresiva, ansiedad, deformación de la percepción (sobre todo la visual), alucinaciones, delirios, despersonalización, alteraciones del tiempo y el espacio y confusión para diferenciar el mundo exterior y el interior.

Puede despertar agresividad en el consumidor y con frecuencia le produce lo que se llama el fenómeno de *flash back,* que significa volver a revivir los efectos varios días después del consumo, sin haber ingerido una nueva dosis.

Politoxicomanía

Se denomina *politoxicomanía o policonsumo* el consumo de distintas drogas a la vez por parte de los adictos.

Las drogas en general son consumidas tanto en función de las características personales como por la formación de hábitos y de acuerdo a ello se realiza la deshabituación y tratamiento.

El problema se complica más aún cuando se consumen diferentes sustancias al mismo tiempo con la intención de potenciar los efectos de unas y otras y de éstas sobre la persona.

Esta costumbre se ha generalizado entre los consumidores que refuerzan de esta forma su adicción con la consiguiente complicación de tratamiento ya que, el policonsumo es un factor importante que facilita las recaídas cuando la persona está tratando de deshabituarse.

CAPITULO 13
Prevención de la Violencia

El problema está entre nosotros... se resiste a salir a la luz, aunque lentamente comienzan a correrse las gruesas cortinas de los mitos y los prejuicios que lo ocultan.
La violencia y el maltrato dentro de la familia no es un fenómeno aislado, como durante tanto tiempo nos empeñamos en creer...

La encontraremos en todas las clases sociales y en todos los niveles socioeducativos. Adopta diversas formas: maltrato físico, maltrato psicológico, abuso sexual, abandono y negligencia.

Jorge Corsi
Presentación del libro "Violencia Familiar"
(Una mirada interdisciplinaria sobre un grave problema social)

OBJETIVO GENERAL:

Presentar al maestro un grave problema que pesa en la conciencia social, y la necesidad de develar mitos y estereotipos culturales, proponiendo, dentro de la educación formal, esquemas de prevención que sirvan a los niños para identificar diferentes formas de abuso.

Ofrecerles alternativas que les puedan servir en el presente y en el futuro como alternativas de solución de los conflictos que en ellos crea la actitud de los adultos.

Diversas consideraciones para el educador

Vivimos en sociedades donde la violencia va formando parte de la rutina. Nos hemos acostumbrado de tal forma que leer los diarios, ver la televisión, observar los juegos de ordenador que entusiasman a los niños son parte de la violencia con la que día a día tomamos contacto.

La impericia o el mal humor de conductores, la falta de consideración o mala educación de algún empleado, el apurado empujón en una acera o ascensor, las esperas injustificadas y la impotencia de no poder cambiar actitudes ni comportamientos nos hacen vivir en una situación de violencia continuada.

Etimológicamente el vocablo *violencia* remite al concepto de *fuerza*. La violencia como sustantivo "se ejerce" a través de los verbos *atropellar, transgredir, quebrantar, forzar, violentar y violar*.[1]

Aunque sea por un día, anotemos las veces que se conjuga a nuestro alrededor, o que, de una u otra forma toma contacto con nuestra realidad, algunos de los verbos mencionados y caeremos en cuenta de que forma nos hemos acostumbrado a la violencia.

Pero, si la costumbre hace que no llamemos por su nombre situaciones como las descritas, existen otras clases de violencia en el amplio sentido de la palabra. Podemos hablar de violencia política, violencia económica, violencia social y violencia familiar.

Para que la violencia pueda darse existe una condición: *la existencia de un cierto desequilibrio de poder, que puede estar definido culturalmente o por el contexto, o producido por maniobras interpersonales de control de las relaciones*

El tratamiento que quiere darse en este libro al tema de la violencia comienza por la enseñanza de saber identificar desde temprana edad los estados de ánimo propios y ajenos.

Además se trata de comentar, si se da la oportunidad, situaciones y circunstancias violentas que, aunque estén ocurriendo, no son normales ni deben ser asumidas como modelo para ser repetidas en un futuro por parte de los que como observadores o víctimas, pueden llegar a ser luego actores y victimarios.

La *violencia personal* en los alumnos puede tener sus raíces en la *violencia familiar* y el mal comportamiento o excesivo retraimiento puede ser un llamado de atención motivado por la otra violencia que no se atreve a confesar.

Por ser una institución íntima, privada y relativamente aislada, la familia es una organización que puede presentar un sinnúmero de conflictos. Aunque se intente conservar una imagen idealizada donde el amor supera cualquier problema, es sano y realista asumir que puede ser también una organización donde se viva permanente o alternadamente situaciones de potencial violencia.

No todos los conflictos generan violencia pero sí es verdad que el negar la existencia de conflictos puede contribuir a la aparición de la violencia.

---

[1]

En el compendio sobre Violencia Familiar publicado por la Editorial Paidos en 1994, el psicólogo Jorge Corsi asegura que la violencia familiar representa un grave problema social y comprenderlo "implica cuestionar la creencia bastante común de que todo lo que sucede dentro del ámbito de una familia es una cuestión absolutamente privada."

Corsi afirma categóricamente que cualquier acto de violencia es un crimen sea cometido en la calle o dentro del hogar y enumera otras razones por las cuales hay que dejar de considerar la violencia familiar como un problema privado.

Estas son:

1. Debilitación gradual de las defensas físicas y psicológicas que se traducen en un incremento de los problemas de salud (enfermedades psicosomáticas, depresión, etc.)

2. Disminución en el rendimiento laboral (ausentismo, dificultades de concentración, etc.)

3. Los niños y adolescentes que son víctimas o testigos de la violencia dentro de la familia presentan con frecuencia trastornos de conducta escolar y dificultades en el aprendizaje.

4. Los niños que aprenden en su familia modelos de relación violentos tienden a reproducirlos en sus futuras relaciones, perpetuando de esta forma el problema.

5. Un alto porcentaje de menores con conductas delictivas proviene de hogares donde han sido víctimas o testigos de violencia crónica.

6. Un alto porcentaje de asesinatos y lesiones graves ocurridos entre miembros de una familia son el desenlace de situaciones crónicas de violencia doméstica.
[4]

Al enumerar estas razones Corsi finaliza diciendo que "son algunas por las cuales la violencia familiar no puede seguir siendo considerada una cuestión privada ya que la salud, la educación, el trabajo, y la seguridad son cuestiones públicas y comunitarias y por lo tanto nos afecta a todos". [5]

Aunque todo tipo de violencia tiene su raíz en una equivocada formación o falta de información de los protagonistas, sea del que la produce como del que la sufre, es fundamental tratar este tema dentro de la educación formal, ya que, aunque pasen varias generaciones hasta que se

---
[4]

[5]

pueda erradicar, es importante comenzar cuanto antes a desmitificar algunas creencias que la gente acepta como verdaderas.

Existen toda clase de mitos:

- Que son casos aislados.
- Que los motiva alguna enfermedad mental.
- Que sucede en las clases sociales más deprimidas económicamente.
- Que siempre los que presentan conducta violenta es porque están borrachos.
- Que a las mujeres maltratadas les gusta si no, no se quedarían en sus hogares.
- Que el abuso sexual y las violaciones las cometen desconocidos en lugares oscuros y peligrosos.
- Que el maltrato psicológico no es tan grave como el físico.
- Que la conducta violenta es innata al ser humano. [6]

Prevenir la violencia dentro del marco de la educación es, no sólo concienciar a los maestros de la necesidad de tratar el tema para desmitificarlo y hacerlo conocer, sino para incluirlo dentro de las charlas para padres que, casi siempre con poca asistencia, organizan las escuelas. También se puede hacer algún folleto para que, aunque sea en fotocopia, pueda llegar a la familia o solicitar uno a alguna agencia especializada para reproducirlo.

Estas son algunas de las acciones que esta obra trata de promover, para que, la prevención del maltrato y el abuso no siga siendo una de las omisiones que involuntariamente hemos dejado de lado en nuestra tarea educativa.

La violencia familiar puede presentarse bajo tres categorías:

1. El maltrato infantil.
2. La violencia conyugal.
3. El maltrato a los ancianos.

Para la escuela es muy difícil intervenir en las categorías segunda y tercera, salvo la formación que pueda dar a los niños sobre los comportamientos correctos a observar en sus futuras relaciones de pareja y en las atenciones que en el presente puedan ofrecer a sus abuelos u otros familiares ancianos.

Por esta razón, nos vamos a limitar a la primera categoría para que los maestros sean capaces de identificar situaciones que puedan estar

---
[6]

padeciendo algunos de sus estudiantes. Debe luego informar a la dirección de la escuela de lo que está sucediendo y ésta a su vez, llevar el caso a la agencia correspondiente que pueda amparar al menor, e intervenir como corresponda con la familia.

Maltrato Infantil

El maltrato a los niños ha ocurrido desde siempre, pero es en los últimos años que se lo cataloga como problemática social.

Los educadores hemos experimentado, en no pocas ocasiones con nuestros estudiantes, el descuido, la indiferencia y la negligencia tanto física como psicológica de aquellos que tienen la obligación de cuidarlos, amarlos y respetarlos y de seguro hemos tratado de paliar el problema a la de acuerdo a nuestras posibilidades.

Sin embargo, posiblemente por ignorancia, ingenuidad o falta de formación en el tema, en general eludimos pensar que entre los niños que están a nuestro cargo puedan existir víctimas de algún tipo de maltrato.

Como el problema aumenta, es preciso que los maestros desarrollemos la perspicacia de estar alertas a cualquier síntoma que pueda revelar que algo no está tan bien como habitualmente pensamos.

Nuestra experiencia educadora durante más de cuatro décadas nos ha enseñado que, ante problemas de indisciplina, mala conducta, fracaso escolar, aislamiento, incapacidad de relacionarse, entre otras, no siempre se solucionan las cosas con informar a los padres.
Muchas veces la denuncia a la autoridad paterna de alguna deficiencia por parte del niño lo expone a situaciones que no sólo no la solucionan sino que, por el contrario, es muy posible que lo agudicen.

Es aquí donde los maestros deben poner a prueba su compromiso profesional ofreciendo apoyo y confianza al/la estudiante para que sea capaz de manifestar lo que le está ocurriendo.

¿Qué es maltrato infantil?

Es cualquier acción u omisión física o emocional que provoque a los niños una lesión o daño de cualquier tipo.

Clases de maltrato

Físico: cualquier acción no accidental que provoque al niño una lesión o enfermedad. Por ejemplo: herirlo leve o gravemente, darle golpes, zarandearlo, quemarlo, propinarle palizas, mordiscos, patadas, castigarlo con objetos o lanzarle objetos, dejarlo a la intemperie, etc.

Emocional: ataques verbales continuos, insultarles, burlarse, despreciarlo, criticarlo, amenazarlo con el abandono, humillarlo a solas o delante de terceros, manifestar desprecio por sus iniciativas, comparaciones permanentes con otros miembros de la familia, amigos o conocidos, encerrarlo como castigo. Es maltrato emocional todo aquello que pueda reducir su autoestima.

Sexual: cualquier clase de contacto o acercamiento sexual que un adulto, realice con un menor para su propia excitación o gratificación, exhibición sexual, caricias inadecuadas, violación y sodomía.

Por negligencia: es el maltrato pasivo tanto físico como emocional por el cual no se satisfacen las necesidades físicas del niño: comida, vestido, higiene, vivienda, etc. o las emocionales como es no brindarle cariño, no besarlo, ni abrazarlo, permanecer indiferente a sus intereses y estados de ánimo, etc.

Todo tipo de maltrato expone a los niños a sufrimiento físico porque le puede traer heridas dolorosas, graves problemas médicos e inclusive la muerte.

En el plano emocional se les hiere profundamente ya que los niños necesitan confiar en los adultos que ama, necesita su protección.

Cuando los adultos los maltratan, los humillan o los abandonan su mundo infantil se llena de dudas y confusión.

Detalles a tener en cuenta que pueden indicar que existe maltrato

Evidencias físicas:

- Heridas o cortes frecuentes en diferentes etapas de curación.
- Arañazos profundos.
- Quemaduras, si son de forma redonda y pequeña pueden haber sido hechas con cigarrillos.
- Lesiones o enfermedades no tratadas adecuadamente.
- Golpes provocados por "accidentes" en los que los adultos explican que se cayó o que se los hizo por casualidad.
- Lesiones o enrojecimiento en la zona genital, dolor al caminar o sentarse.

Comportamiento de los niños:

- Conducta agresiva.
- Timidez excesiva.

- Miedos inexplicables (de volver a la casa o de personas determinadas).
- Ansias de atención.
- Hambre, piden dinero para comer o roban.
- Llegan tarde a la escuela o faltan mucho.
- conocimiento poco usual, para su edad, respecto al sexo.

Comportamiento del adulto:

- Golpea al niño en público.
- Califica al niño de insoportable, difícil, malo, bruto, etc.
- Muestra despreocupación respecto al niño.
- Ofrece explicaciones contradictorias de golpes o heridas sufridas por el menor.
- Se pone a la defensiva cuando se le pregunta sobre como es el niño en el hogar, la salud que tiene, lo que ha sucedido, etc.

Los niños, sobre todo los más pequeños hablan.

- Preste atención a lo que dicen
- Ningún niño miente si el abuso es sexual, (dado que para el menor implica vergüenza), si habla sobre ello créale.

Es importante aclarar que sacado de algunos indicios que claramente son signos de maltrato, pueden darse situaciones que no respondan a este concepto, sin embargo, la reiteración o la suma de muchos de ellos pueden determinar la existencia de abusos.

Solución de conflictos en la familia, en la escuela, en la sociedad

Un buen programa de prevención de la violencia implica también comenzar a formar a los niños en los comportamientos correctos para la **solución de conflictos**.

Primero tienen que conocer las condiciones existentes para que se presente un conflicto entre las personas:

- Puntos de vista diferentes (ideas, opiniones, actitudes).
- Sentimientos no identificados.

Identificar lo que se siente o lo que siente el otro es un paso importante en la solución de los conflictos. La gente puede sentirse:

- Enfadada.
- Sola.
- Asustada.
- Celosa.
- Frustrada.

- Decepcionada.
- Triste.

Saber cómo nos sentimos o como se siente el otro puede indicarnos como actuar.

Enseñar que resolver un conflicto significa:

- Tratar de encontrar una solución al problema.
- No pelear, insultar o herir los sentimientos de los demás.
- No huir de las situaciones difíciles.
- No ir en contra de los propios sentimientos o creencias.

Saber resolver un conflicto puede ayudar a:

- Sentirse bien con uno mismo
- Sentir respeto por los otros.
- Mantenerse al margen de la violencia.

CAPITULO 14

Prevención de Daños al Medio Ambiente

"Una de estas noches, los "guardianes de las maravillas" van a tocar a tu ventana para invitarte a que seas uno de ellos y les ayudes a conservar el equilibrio mágico del Universo"

Patricia Hume
"Guía para los niños que quieren salvar el planeta"

OBJETIVO GENERAL

Inculcar en los niños la responsabilidad y el respeto por el ambiente y por todas las manifestaciones de la naturaleza, enseñándoles que para evitar el rápido deterioro que están sufriendo se impone la necesidad de cambiar algunas costumbres para preservarlos y conservarlos.

Diversas consideraciones para el educador

Hacia una sociedad ecológica

Varios son los problemas ecológicos que están afectando al planeta. Entre muchos otros podemos mencionar:

- La extinción de las especies animales.
- La desaparición de los bosques.
- El *"efecto invernadero"*.
- La contaminación del aire y del agua.
- El deterioro de la capa de ozono.
- Desperdicio de energía.

Conocerlos e identificarlos hace que cada uno haga, en la medida de sus posibilidades, su aportación para resolverlos.

Es necesario que los maestros expliquen a sus estudiantes, de acuerdo al nivel de comprensión que éstos tengan, lo que significa cada uno de los problemas mencionados.

Respeto por toda la naturaleza

Nuestro planeta consta de cuatro elementos de vital importancia, relacionados entre sí para mantener el equilibrio necesario para la vida del hombre en la Tierra.

Esos elementos son:

1. Tierra.
2. Agua.
3. Aire.
4. Fuego.

Los problemas ecológicos que se están presentando están directamente relacionados con alteraciones que están sufriendo estos cuatro elementos y todos, absolutamente todos han sido provocados por los seres humanos. El hombre habita la Tierra desde hace dos millones de años, pero jamás la había deteriorado tanto como en los últimos cien años.

Ninguno de nosotros destruiría su propia casa, no le quitaríamos el techo porque no podríamos vivir a la intemperie y no romperíamos las cañerías porque no tendríamos agua.

Tampoco tiraríamos los alimentos de la despensa de la cocina o lo que hay en la nevera si está aún en buen estado porque no tendríamos que comer, ni tampoco romperíamos las lámparas porque no tendríamos luz.

Sin embargo no nos hemos dado cuenta que eso exactamente estamos haciendo con la *Casa de Todos* que es nuestro planeta, porque aunque seamos de razas diferentes y de distintas nacionalidades, tenemos algo en común: TODOS HABITAMOS LA MISMA TIERRA.

En la explicación de los problemas mencionados, es conveniente inducir a los niños a descubrir que elemento fundamental del planeta se está afectando.

TIERRA

La extinción de las especies animales

Los animales son también habitantes del planeta, por eso existe en casi todos los países una Sociedad Protectora de Animales.

Nos apena ver las fotos de los pingüinos contaminados por derrames de petróleo o la crueldad con que se matan los lobos marinos en otras partes del mundo, sin embargo, muchas veces perdemos la sensibilidad que siempre debemos tener hacia el sufrimiento de los animales cuando golpeamos cruelmente a un perro, martirizamos un gato, con tirachinas matamos a los pájaros y perseguimos las lagartijas..

Se sabe que hay animales que se matan para comer porque son parte del sustento del hombre. Otros animales se matan por defensa porque son causa de transmisión de enfermedades como las ratas y ratones, las cucarachas y las moscas, o que provocan la extinción de especies vegetales como las plagas de la agricultura o las hormigas en los jardines.

También hay animales dañinos como las comadrejas que entran a los gallineros a comerse los pollos, pero matar por matar, acabar con las especies para beneficio del comercio y la industria, ha dado como resultado especies animales en peligro de extinción como el caso de las ballenas, tiburones, elefantes y un sinfín de animales.

Cada uno debe aprender a reconocer en qué medida respeta la vida del mundo animal.

La desaparición de los bosques tropicales

Las selvas o bosques tropicales son los "pulmones" de la Tierra. Así como las personas respiramos a través de los pulmones, la Tierra
"respira" a través de ellas.

Los bosques purifican el aire, pero, los árboles son cortados para leña, fabricación de muebles, construcciones varias, fabricación de celulosa para el papel, etc. y los bosques están desapareciendo.

Esto ocasiona un aumento de la temperatura de la Tierra que puede ser muy peligroso porque, se derrite el hielo de los polos, a su vez esa agua se vuelca en los mares y, el consiguiente aumento del nivel del mar puede producir inundaciones tremendas.

Este fenómeno se conoce con el nombre de **"Efecto invernadero"**. Sólo este ejemplo nos sirve para demostrar como todo en la Naturaleza está en equilibrada relación y que es el hombre quien la rompe con sus acciones.

AGUA

Contaminación de los mares y los ríos

Se están usando los mares del mundo como basurero de los productos químicos de las industrias. Los accidentes de buques petroleros en diferentes países han dado como resultado inmensas extensiones de manchas negras de aceite o petróleo que tardan años en eliminarse y van acabando a su paso con la flora y la fauna de los mares. En nuestro país accidentes como el del buque "Prestige", causan desastres de una magnitud enorme.

La mayoría de nuestros ríos están contaminados y las playas muchas veces parecen un vertedero de basura.

En el caso de los ríos el color del agua indica la contaminación:

- Si está verde oscuro hay un exceso de algas por contaminación de agua jabonosa o detergentes.
- Si está marrón, es porque está sucia de desperdicios.
- Si en la superficie flota una capa brillante, es aceite o grasa que la contamina.
- Si está anaranjada seguramente hay una fábrica cercana que está echando los desperdicios químicos al agua.
- Si el agua tiene mal olor, es porque está llena de bacterias y de diferentes microbios que pueden causar enfermedades.

Enseñar a los niños a darse cuenta el maltrato que tienen las aguas del mar, río o laguna que esté cerca de donde viven.

AIRE

El deterioro de la capa de ozono

En el sur de la América del Sur, casi sobre la Antártida, se descubrió en 1980 un agujero en la capa de ozono de la atmósfera casi del tamaño del Continente Antártico, en 1990 se comprobó que el agujero había crecido peligrosamente.

Los responsables de este daño irreversible a nuestra atmósfera son los gases que usan las neveras, congeladores, aires acondicionados y los contenidos en aerosoles de uso doméstico, lo que comúnmente conocemos con el nombre de "sprays".

Para entender lo grave que es esto podemos decir que es como si le estuviéramos quitando el techo a nuestra casa quedando expuesto a los rayos del sol en forma permanente o a la lluvia.

Contaminación del aire

Nuestra forma de vida ha hecho que contaminemos el aire con la mayor naturalidad, sin darnos cuenta que estamos acabando con lo que es una necesidad imposible de remplazar para poder seguir viviendo.

Una gran parte de la contaminación del aire la ocasionan los transportes automotores y el humo de las chimeneas de las fábricas.

Explicar a los niños que muchos años atrás en las grandes ciudades se eliminaba la basura a través de los ***incineradores.*** Día a día se quemaban toneladas de basura, sobre todo en los pisos. Ese humo negro salía a través de chimeneas y subía a la atmósfera quedándose como un enorme hongo sobre las ciudades, este fenómeno se conoce con el nombre en inglés *"smog"*.

Hace años ya que los incineradores fueron prohibidos y esto ha contribuido a limpiar la atmósfera.

FUEGO

Desperdicio de energía

Cuando se hace de noche para no quedarnos a oscuras vamos encendiendo las luces en nuestra casa, pero, debemos tener la costumbre de apagarlas cuando salgamos de una habitación y no tener inútilmente toda la casa encendida.

Ahorrar energía eléctrica es ayudar a conservar la Tierra. ¿Cómo pueden contribuir los niños en esto?

- Apagando las luces que no haya necesidad de tener encendidas.
- No abriendo la nevera a cada momento ya que al abrir la puerta se escapa el aire frío y entra el caliente y la nevera entonces tiene que usar más energía.
- Usar la luz del día mientras haya claridad.

Concepto de reciclaje

Reciclar quiere decir poder utilizar los materiales más de una vez

Mucha de la basura que se junta día a día es *biodegradable*, esto quiere decir que al tomar contacto con la tierra los microrganismos que habitan en ella la hacen desaparecer en más o menos tiempo.

Sin embargo hay otra clase de basura, por ejemplo, el vidrio, los plásticos y el papel que son *reciclables*, es decir que pueden ser usados nuevamente.
La mayoría de los países industrializados tienen ya unos programas muy serios de reciclaje de los materiales mencionados, y lo hacen cumplir estrictamente.

Por ejemplo en Alemania el programa de reciclaje se acerca a los hogares, orienta sobre lo que significa reciclar, da las instrucciones necesarias para llevarlo a cabo, y hace entrega de un manual donde constan todas las instrucciones que han dado.

Finalizan haciendo firmar al dueño o inquilino el compromiso de cumplir con el programa y la declaración de haber recibido la orientación.

Quien no cumple el programa se expone a severas multas.

En los hogares hay varios contenedores, uno para el vidrio, otro para el plástico (en la parte de abajo de cada envase hay un triángulo pequeño que indica que es plástico reciclable y dentro del triangulito hay números, a cada número corresponde la clase de plástico de que está hecho cada envase), otro para el papel y otro para los desperdicios.

Los desperdicios de comida es basura biodegradable con la que se alimentan los animales y es la que recogen los camiones de basura.

El resto de elementos que se pueden reciclar, se deben llevar a los centros de reciclaje que existen en cada barrio y donde se tiran los elementos que previamente se han ido juntando en cada hogar.

Los recursos de agua y la contaminación

Un recurso de agua potable (río, lago, manantial, pozo) es una fuente que tiene que ser manejada apropiadamente para asegurar su **viabilidad** por períodos largos de tiempo.

La viabilidad de las fuentes puede ser amenazada por varios tipos de contaminación (química, microbiológica y física) que afectan la calidad del agua disponible para diferentes usos como por ejemplo el consumo humano (agua potabilizada).

La **contaminación del agua potable** ocurre cuando se introducen a ésta, diferentes sustancias y materiales que la hacen inapropiada para su uso o consumo.

Contaminación química del agua ocurre cuando la misma entra en contacto con elementos, compuestos y/o sustancias de carácter orgánico o inorgánico que alteran su calidad. Se clasifican como contaminantes químicos sustancias **inorgánicas**, **orgánico-sintéticas**, **orgánico-volátiles**, y los **radionucleidos**.

La contaminación química puede ocurrir naturalmente en el ambiente o puede ser inducida por las acciones del hombre al manipular el mismo. Ejemplos de contaminación química que ocurren naturalmente, lo son: la mezcla de plomo, arsénico, o de algún compuesto radioactivo procedente del terreno con el agua (inorgánica), o la descomposición de hojas y heces fecales en el agua (orgánica).

Ejemplos de contaminación química del agua inducida por las acciones del hombre son: el aumento de nutrientes orgánicos en el agua por el uso de fertilizantes, de compuestos orgánicos como los plaguicidas utilizados en la agricultura; solventes y pinturas, utilizados por la mayoría de las fábricas de coches y otra maquinaria; y los detergentes limpiadores, utilizados en los hogares. Derrames de petróleo y sus derivados, y los derrames de materiales radioactivos, son ejemplos de accidentes que causan contaminación química de las aguas.

Los abastos de agua de los pueden verse afectados por los contaminantes arriba descritos y también por los desechos de los hogares y de las zonas agrícolas. Entre los contaminantes asociados a los hogares se encuentran detergentes, desperdicios sépticos y aguas grises.

Los fertilizantes y plaguicidas son contaminantes que se pueden detectar en sistemas de agua de comunidades que se encuentran en zonas agrícolas. La cercanía de las fuentes o manantiales a pozos sépticos o letrinas, porquerizas, vaquerías, gasolineras, polleras, o vertederos (legales o clandestinos), presenta una posible fuente de contaminantes químicos para los sistemas.

Las áreas inundables por encontrarse en la parte más baja de la cuenca donde se podrían depositar contaminantes arrastrados, son mucho más accesibles a la contaminación que las partes altas.

Los contaminantes químicos pueden causar diversos problemas al ser humano. Entre los problemas de salud asociados con ingerir aguas con contaminantes químicos se encuentran daños al feto, abortos, defectos de nacimiento, problemas con el hígado, y desórdenes nerviosos causados por hidrocarbones halogenados, como los PCB o PBB.

Entre los contaminantes químicos también existen compuestos que se asocian con daños a órganos internos y al cáncer, tales como: componentes de pesticidas y los metales pesados (cobre y plomo), estos últimos también han sido relacionados con problemas de aprendizaje en el niño y efectos al sistema nervioso del ser humano.

Contaminación microbiológica del agua ocurre cuando se altera la calidad del agua por contacto de la misma con microrganismos. Estos microrganismos pueden encontrarse naturalmente en el ambiente o pueden ser introducidos en los recursos de agua por acciones o actividades del hombre.

En un acuífero puede ocurrir contaminación microbiológica cuando no existen los medios adecuados para manejar las aguas negras. Por ejemplo, cuando los pozos sépticos o letrinas están construidos cerca de la fuente de abastecimiento del sistema es fácil que los microrganismos presentes en las heces humanas lleguen hasta el mismo. Los desagües procedentes de granjas de animales en la cuenca pueden arrastrar microrganismos presentes en los excrementos de los animales. Ocurre contaminación microbiana cuando se utilizan las aguas de la fuente como aguas para bañarse y nadar.

Algunos de estos contaminantes microbianos pueden ser agentes causantes de enfermedades transmisibles por medio del agua. Las enfermedades que se contraen al entrar en contacto físico con el agua (waterwashed) y las enfermedades que se contraen al ingerir agua contaminada (waterborne) son dos grupos de enfermedades cuyo vehículo primario de transmisión es el agua.

Entre las enfermedades transmisibles al hombre por ingestión de aguas contaminadas microbiológicamente se encuentran: la salmonelosis, el cólera y otros trastornos gastrointestinales causados por bacterias; el polio y la hepatitis infecciosa causados por virus; y la giardiasis que es causada por un parásito conocido por **Giardia lamblia**.

Entre los ejemplos de enfermedades adquiridas cuando el ser humano entra en contacto con el agua, podemos encontrar la otitis externa causada por una bacteria, el virus que causa la conjuntivitis aguda, el protozoario que causa la meningoencefalitis, y el parásito que causa la bilharzia.

Cambios en las **características físicas** del agua que son aquellas características observables del agua, entre las que se incluyen el olor, sabor, color, temperatura y **turbidez**, pueden ser indicadores de contaminación.

También la presencia de olores, colores y sabores pueden ser indicadores de que existen en el agua sustancias contaminantes. Otra característica física que puede indicar contaminación es la turbidez del agua. Un alto nivel de turbidez puede interferir con la desinfección del agua ya que las partículas que causan la turbidez pueden consumir el desinfectante que no estará disponible para inhibir los agentes microbianos.

Entre las **fuentes** o abastecimientos de agua para sistemas de acueductos se incluye todo tipos de agua (río, lago, manantial) que contribuya al abasto. Los cuerpos de agua pueden ser superficiales o subterráneos. Se consideran **fuentes superficiales** aquellas aguas que se encuentran o viajan por encima de la corteza terrestre. Las quebradas, riachuelos, ríos, lagunas, y lagos son ejemplos de fuentes superficiales.

Las **fuentes subterráneas** son aquellos depósitos de agua que se encuentran por debajo de la superficie terrestre, entre los que se encuentran los acuíferos de donde fluyen manantiales y donde se construyen pozos. Los SPAPP obtienen agua de fuentes superficiales y/o subterráneas.

Toda fuente de agua que se utilice para consumo humano debe cumplir con los requisitos de seguridad para protección de los usuarios. El **agua potable segura** se define en términos de efectos a la salud. El agua es segura si no te enferma.

Para proveer de agua potable segura a una comunidad, se deben tomar en consideración medidas de protección a la fuente. Estas medidas que son actividades que sirven de barreras entre agentes causantes de enfermedades y el consumidor, reducen la posibilidad del paso de sustancias o contaminantes que puedan afectar la salud del usuario. Para establecer las barreras es necesario que conozcamos la relación entre la presencia de contaminación y sus efectos, de manera que podamos asumir una conducta responsable en el manejo de nuestro ambiente.

Diez claves para una evolución constructiva de la Educación Ambiental.

El estado de conservación de los recursos naturales y los niveles de calidad ambiental en nuestra sociedad distan mucho de poder ser considerados óptimos. La capacidad de los sistemas sociales para impactar sobre los sistemas naturales ha sufrido en relativamente poco tiempo un desarrollo espectacular, a cuyos efectos se están sumando los impactos larvados de la acción humana sobre el medio ambiente a lo largo de los tiempos. Y estos impactos negativos no lo son sólo sobre los entornos de carácter local sino que están afectando a la calidad ambiental global de todo el planeta, sin respetar fronteras políticas ni geográficas, ni tener en cuenta el mayor o menor grado de desarrollo económico de los diversos países. Desde luego esta situación de crisis ambiental es inseparable de la predominancia de un modelo social y económico que sustenta distancias insalvables entre países y comunidades y origina graves problemas en relación a la equidad y la solidaridad en cuanto a la disposición y al uso de los recursos.

Parece evidente que este preocupante escenario, cuyo origen podemos situar en la esfera de los comportamientos individuales y colectivos de las personas, justifique el desarrollo de propuestas que pretendan mejorar la relación entre las personas y su entorno como las que se plantean desde la perspectiva de la educación ambiental. De hecho, puede decirse que el reconocimiento del papel desempeñado por las personas en la generación y en el mantenimiento de los problemas ambientales ha motivado el desarrollo acelerado en escasas décadas de este marco de análisis y acción.

Pero aunque puedan reconocerse avances significativos, este enfoque dista mucho de haber alcanzado una posición destacada e influyente y lo que parece más grave, no ofrece un horizonte de desarrollo positivo previsible a medio plazo. En cierta manera algunas de las ventajas de la educación ambiental, llegan a ser sus propios inconvenientes o barreras.

En primer lugar su objeto es la mejora de las relaciones entre las personas y el medio ambiente, ámbito muy extenso donde intervienen casi todas las disciplinas científicas, de lo psicológico y social a lo biológico y físico, de las tecnologías a la creación y el arte, en una situación que prima todavía la compartimentación del saber disciplinar.

De la misma manera podemos indicar otros elementos que dificultan una visión clara del ámbito de la educación ambiental, como la diversidad y la interconexión de las escalas de los problemas ambientales sobre los que se trabaja, desde los niveles locales a los más globales; las diferentes percepciones socioculturales de lo ambiental, ubicadas en diferentes dimensiones: rural-urbano, norte-sur...; la enorme variedad de destinatarios con diferente nivel de implicación directa e indirecta sobre la calidad ambiental, desde escolares a grupos sociales indiferenciados, desde los turistas que visitan un espacio natural a la comunidad rural residente en su entorno y también, los diferentes enfoques metodológicos usados, incorporando una gran variedad de herramientas y recursos y de concepciones diversas, desde algunas más centradas en el conocimiento del medio a otras dirigidas al compromiso y a la acción social.

Finalmente, el desajuste de las propuestas educativas con las prácticas reales de gestión del medio ambiente, que a menudo impiden que los ciudadanos puedan desplegar respuestas constructivas para la mejora del entorno, constituye también una importante barrera para la clarificación de la perspectiva de la educación ambiental.

Concretando en nuestro país, desde un somero análisis crítico, y aún con riesgo a cierta generalización, podemos revisar algunas de las cuestiones anteriormente apuntadas y aunque la educación ambiental en España haya tenido un importante desarrollo con la extensión de un buen número de experiencias en los campos más diversos, adolece de algunos problemas, que desde mi punto de vista, impiden una evolución equilibrada, coherente y sostenida de este marco de intervención sobre los problemas socioambientales.

Así, pueden destacarse cuestiones como la compartimentación y la atomización de muchas de las iniciativas que imposibilitan un trabajo compartido, muchas veces debido a personalismos estériles; la tradicional falta de conexión entre los actores, como puede comprobarse por la inexistencia de medios propios de comunicación consistentes y continuados o la falta de un desarrollo estable y con un enfoque amplio, de encuentros y congresos sobre la disciplina (como botón de muestra decir que no se celebran unas Jornadas de Educación Ambiental de ámbito estatal desde las celebradas en Valsaín en 1987); la descoordinación entre programas de diversas instituciones, de organizaciones sociales y entre iniciativas de ambas entidades, aún cuando en muchos casos persiguen metas compartidas; la orientación predominantemente cosmética o propagandística de algunas de estas acciones; el importante déficit en grupos y programas de investigación básica y aplicada y las dificultades para compartir los resultados obtenidos;y la deficiente coordinación en redes internacionales, como lo indica la escasa participación en encuentros y la baja relación con entidades internacionales (quizás con la salvedad de algunas iniciativas de UICN).

También podemos referirnos a algunas perversiones e intereses que pensamos perjudican una visión centrada del marco. Así, con demasiada facilidad, se encuentran iniciativas denominadas como de educación ambiental, lanzadas desde una óptica realmente mercantilista, como la excesiva proliferación de masters y cursos, a menudo más preocupados por la venta de matrículas que por ofrecer una base sólida y un buen programa de contenidos y experiencias, o el desarrollo de actividades con escasa consistencia en algunos equipamientos, por poner solamente un par de ejemplos.

En el ámbito del sistema educativo formal las continuas llamadas a la transversalidad, no se han acompañado de herramientas y recursos que faciliten un anclaje consistente de la educación ambiental, que al no disponerse de referentes claros ha motivado que una buena parte del trabajo de los docentes interesados se desarrolle con una importante carga de voluntarismo y como actividades extraordinarias sin relevancia curricular.

En este punto no puede dejar de hacerse referencia a la facilidad como desaparecen programas educativos y sociales sobre medio ambiente, actuaciones interesantes, eficaces, con gran relevancia social e incluso económicamente significativas, que se desvanecen por capricho o por desidia, o a la pérdida, por las razones más peregrinas, de profesionales muy valiosos. Asimismo pensamos que se está produciendo una pérdida de protagonismo y de posiciones, las cuales se habían obtenido con mucho esfuerzo, por ejemplo en cuanto al rol desempeñado por la educación ambiental en los espacios naturales protegidos, a lo que hay que sumar la falta de una introducción consistente en otros contextos, como los entornos urbanos, donde no se ha pasado de iniciativas singulares.

Evidentemente ésta es una fotografía personal, y por ello parcial, sobre el estado de la educación ambiental, que en una u otra forma podría ser compartida por otras personas. Pero donde si debería encontrarse un acuerdo amplio es acerca de la necesidad de reflexionar de forma conjunta sobre estas cuestiones y proponer alternativas que ayuden a consolidar y a facilitar el progreso de esta perspectiva, preocupación que debería ser asumida por todos aquellos que nos consideramos parte del movimiento de la educación ambiental. Es en base a esta inquietud por la que se proponen diez claves o propuestas para la reflexión conjunta en el desarrollo de nuevos caminos.

Enfoque social.

Asumir el papel fundamental que las personas y los sistemas sociales tienen en relación a la problemática ambiental y a las posibles soluciones de esta situación, obliga a la adopción en profundidad de un enfoque social, que posibilite una evolución desde una perspectiva tradicional, centrada principalmente en la descripción de los recursos ambientales y en el conocimiento de las características del entorno, a otra que pivote de forma central sobre las capacidades de las personas para comprender y actuar sobre su entorno.

Este reto real y urgente demanda la adopción de un compromiso de cambio a gran escala, que sobre todo debe producirse en la esfera de los comportamientos sociales e individuales. Máxime cuando el desarrollo de cualquier acción tecnológica o legal dirigida a la resolución de problemas ambientales, está abocado al fracaso si no es tenido en cuenta el elemento humano, responsable último de esta situación conflictiva. El marco de lo social es el ámbito donde deben producirse los cambios para el desarrollo de una sociedad sostenible. De manera que la sostenibilidad debe entenderse sobre todo como una construcción social.

2. Nuevos y viejos actores.

Tradicionalmente las iniciativas se dirigían al marco del sistema educativo formal, donde los docentes actúan como mediadores ante sus alumnos. En la actualidad es necesario insistir que en las acciones de educación ambiental no deben considerarse unos actores por excelencia, ni una clientela por defecto. Cada persona, según el rol que juegue en cada momento y en cada contexto vital, ya sea en la escuela, en el hogar, como consumidor, en el tiempo de ocio, como miembro de una comunidad, participando en una asociación, en el lugar de trabajo... tiene amplias responsabilidades en la conservación de los recursos naturales y en la mejora de la calidad ambiental.

Alumnos que influyen sobre sus padres y otros adultos, consumidores que posibilitan cambios en las conductas de las empresas, electores que pueden afectar a la acción de gestores y políticos..., son ejemplos de este aserto. Así, cada grupo social puede ser simultáneamente, mediador y población-objetivo y es crucial reconocer la trascendencia de todos los actores sociales, destacando la responsabilidad de cada uno en la influencia hacia otras personas para la extensión de comportamientos proambientales y sostenibles.

3. Soporte científico.

Cada vez es más necesario un avance perseverante en el desarrollo de programas de investigación básica y aplicada. Si se pretende superar el tópico y la intuición, características demasiada comunes en la educación del entorno, es urgente profundizar en el conocimiento sobre la interacción persona-entorno: cómo las personas perciben, valoran y actúan sobre el medio y cómo dimensiones ambientales concretas impactan sobre la experiencia humana. Pero sobre todo, que estrategias y modelos coherentes, racionales y eficientes, disponemos para mejorar esta relación, para promover un equilibrio entre la calidad ambiental y la calidad de vida humana.

También es ineludible, tanto facilitar un intercambio entre líneas de investigación, resultados obtenidos... como profundizar en una conexión real entre investigadores y gestores, posibilitando, por un lado, la evaluación constructiva de las acciones realizadas y por otro, la incorporación de conocimientos científicos relevantes en el diseño de programas de acción.

4. Centrada en la acción.

La extensión de la acción proambiental y el comportamiento ecológico responsable deben ser la meta última de las iniciativas de educación ambiental. De esta manera se pretende motivar la acción de las personas en favor del medio ambiente, pero con la intención de que ésta sea una acción informada y aceptada, por ello es crucial el trabajo coordinado en conocimientos, actitudes y comportamientos ambientales. Evidentemente, el objetivo no debe ser el mero cambio de comportamiento, sino por un lado, promover la construcción de estilos de vida sostenible y por otro, trabajar en el desarrollo de capacidades para la competencia en la acción.

Según la literatura científica parece que diferentes conductas de conservación tienen diferentes patrones de iniciación, de manera que un estilo de vida puede mantener comportamientos proambientales singulares pero también la adopción de prácticas concretas puede ayudar a construir un estilo de vida sostenible.

5. Orientación Multimetodológica.

La educación ambiental puede dirigirse a multitud de destinatarios diferentes con perfiles de comportamiento ambiental también diversos, en un conjunto de escenarios y situaciones sociales, económicas, culturales y ambientales, en relación a un amplio catálogo de problemas del entorno y con la posibilidad de incidir en variados objetivos específicos. Esta situación compleja e indeterminada debe obligar a los profesionales que trabajan desde esta perspectiva a mantener una actitud abierta y flexible a la integración de diversas metodologías y estrategias de intervención para mejorar la relación de las personas con su entorno. Así deben combinarse estrategias directas e indirectas, centradas en acciones basadas en la investigación, la comunicación, la información, la capacitación, la participación…, ya que estas herramientas no entran en competencia sino que más bien se refuerzan entre sí.

6. Basada en la participación.

Entre las estrategias disponibles quizás haya que destacar el desarrollo de programas que posibiliten la participación activa de los ciudadanos en el conocimiento, la valoración, la prevención y la corrección de problemas ambientales. Es urgente avanzar en la profundización de los niveles de participación, facilitando la toma de decisión y la acción de los ciudadanos, y evitando quedarse en niveles superficiales o restrictivos, en los que como mucho se ofrece información o se sondea a los ciudadanos. No debe tratarse solamente de diseñar escenarios para la participación, además es fundamental la capacitación para participar, desde la perspectiva de la competencia para la acción, con la formación en habilidades y valores democráticos y en habilidades de pensamiento crítico sobre la realidad socio ambiental.

Dentro de las estrategias participativas más extendidas en la actualidad entre países con cierto nivel de desarrollo social y económico, destaca el voluntariado ambiental, iniciativa que desarrolla de forma altruista, libremente y sin ánimo de lucro, tareas directas de mejora ambiental y de conservación de los recursos naturales. La trascendencia de estas actividades se sustenta en que pueden producir un triple efecto, además del impacto positivo sobre la calidad del entorno, puede motivar el cambio personal de los voluntarios y la influencia a otras personas de forma directa e indirecta.

7 Perspectiva integradora.

El desarrollo actual de la problemática socio ambiental obliga a superar la división clásica de saberes y disciplinas. Actualmente se está produciendo una profunda revisión de esta situación en la búsqueda de una visión integradora y de mayor permeabilidad entre las diferentes aproximaciones científicas a la cuestión ambiental. Una iniciativa interesante en este sentido es el uso de conceptos-puente que faciliten esta perspectiva integradora, de los que ya se encuentran experiencias relevantes, como por ejemplo en relación a problemas como la conservación del paisaje y la contaminación acústica.

Pero lo multidisciplinar y lo transversal no debe ser nunca una disculpa para no disponer de referentes claros y diluir el trabajo en educación ambiental. No hay nada más desmovilizador que plantear objetivos excesivamente complejos o exigir la incorporación de todos los puntos de vista y el trabajo con todas las herramientas posibles.

8. Pensamiento crítico e innovador.

También la educación ambiental tiene la responsabilidad de fomentar un pensamiento crítico e innovador para la transformación de la realidad, mediante el desarrollo de habilidades para analizar los conflictos, investigar las causas y no solamente descubrir los síntomas y detectar las soluciones y posibilitar la intervención individual y comunitaria sobre los problemas ambientales. Para ello hay que partir del cuestionamiento de los sistemas, las estructuras y las formas de organización social que afectan a las cuestiones de ambiente y desarrollo.

9. Conexión con la gestión.

La educación ambiental no puede entenderse como algo desligado de las tareas de gestión y planificación del entorno. Aceptar que se siguen dos caminos independientes, aunque éstos sean paralelos, impide un acercamiento real al ámbito donde surgen los problemas y a la posibilidad de intervenir en su prevención o su corrección. De manera que es crucial buscar espacios donde desarrollar experiencias conjuntas entre educadores y gestores. Hay que resaltar que el estatus, meramente anecdótico y secundario, que la educación ambiental tiene en muchas instituciones, lo posee también en asociaciones y entidades sociales.

El reto está en demostrar la relevancia de las estrategias propias de la educación ambiental en relación al tratamiento de los problemas ambientales, sobre todo cuando estos dependen, casi en su totalidad, del comportamiento individual y colectivo de las personas. No puede abandonarse la intervención ambiental a tratamientos únicamente legislativos o tecnológicos.

10. Visibilidad.

Las propuestas de acción que se derivan de la educación ambiental son más efectivas y eficientes, a medio y largo plazo, que otras de diversa índole. Demostrar esta afirmación es un desafío en el que deben intervenir todos aquellos que están inmersos en el desarrollo de este marco de acción. Existe, demasiado a menudo, un sentido mal entendido de la honestidad y la modestia, al reivindicar el importante papel que puede desempeñar la educación ambiental y las posibilidades de los instrumentos que le son propios. No es suficiente con el trabajo hacia adentro, con la reflexión interna, con la relación endogámica... existe una responsabilidad en ser visible, en demostrar la potencialidad de las iniciativas sociales y educativas.

Para ello hay que trabajar desde una actitud abierta, con la presencia continuada en medios de comunicación, con el desarrollo de medios propios consistentes y abiertos a todas las perspectivas, con el desarrollo de redes y espacios de contacto, con la realización de encuentros abiertos y continuados, con el uso extensivo de recursos como las nuevas tecnologías de la información, como la red internet... acciones que pueden contribuir a la relevancia social y a un progreso constructivo y sostenido de la educación ambiental. (De Castro R. 2010)

CAPITULO 15
Educación en el Consumo

Se ha de mirar hacia atrás, a las sociedades preindustriales para darse cuenta del estrecho margen de cosas utilizadas en las rutinas normales de la vida, incluso en las clases privilegiadas, en comparación con la actualidad.

Williams Leiss y otros en "Social Communication in Advertising".

OBJETIVO GENERAL

Educar al niño de forma progresiva para que reconozca e identifique la manipulación de la que puede ser objeto por parte de los medios de comunicación y la publicidad, que le van creando hábitos de compra y le desarrollan nuevas necesidades, como forma de inducirlo al consumo.

Diversas consideraciones para el educador

Patrones de consumo

Los niños son un objetivo claramente definido para los especialistas de mercadeo, los empresarios, los industriales, los fabricantes, los comerciantes, los publicitarios y los relaciones públicas pues, aún los de corta edad, ocupan un lugar importante en la masa de consumidores de los países occidentales.

Los patrones de consumo de los niños hoy, no tienen nada que ver con los de décadas anteriores. En el pasado, los adultos decidían sobre la casi totalidad de las compras que se hacían en el hogar, actualmente los niños tienen voz y voto, derecho de opinión y de mando, incluso en hogares económicamente deprimidos.

Niños que forman parte ya de una masa consumidora, serán en el futuro consumidores de excelencia. Se impone por ello una ***Educación en el consumo*** como forma de prevención a los innumerables problemas que trae el desequilibrio entre el poder adquisitivo de una persona y sus patrones de consumo.

Los ***patrones de consumo*** son las actitudes que muestra y los hábitos que desarrolla una persona, una comunidad o una sociedad en referencia con su forma de adquirir bienes y servicios para cubrir sus necesidades reales o ficticias.

Son muchos los factores sociales y psicológicos que influyen en las decisiones del consumidor. Tomar conciencia de la presión que ejercen algunos de ellos es adquirir la capacidad de controlarlos progresivamente para que, a la hora de comprar, las decisiones sean inteligentes y las inversiones correctas.

A saber:

- necesidad real o ficticia
- influencia de la publicidad
- presiones sociales
- moda
- frivolidad o capricho

En todas partes de nuestro mundo occidental la actividad económica por excelencia es el consumo y no la producción. De todas formas se trata de incentivar a un mayor consumo y el éxito de este esfuerzo ha sido tal que hasta se han cambiado las connotaciones negativas que esta palabra tiene.

Si buscamos el vocablo en el Diccionario de Sinónimos de la Lengua Castellana las palabras que pueden ser usadas en sustitución del verbo consumir son *destruir, arruinar, extinguir, agotar, acabar, gastar, apurar, disipar, atribular, acongojar, aniquilar.*

Sin embargo a pesar de toda la carga de destrucción y derrota que la palabra implica, en la actualidad a los habitantes de un país se nos llama *consumidores* con la misma frecuencia que se nos menciona como *ciudadanos.*

Saber un poco la historia del consumo nos hace conocer que, la importancia de éste en el pensamiento económico social, es de origen relativamente reciente.

Hasta el Siglo XVIII se consideraba primordial las obligaciones que las personas tenían con la Iglesia y el Estado, el mayor o menor bienestar que pudieran tener era un factor secundario.

Cuando el economista y político escocés Adam Smith publica en 1776 su libro "La Riqueza de las Naciones" al poner su acento en el bienestar individual, se apartó en forma radical de las teorías de los economistas que le precedieron.

Es recién en la década de 1870-1880 que, con la elaboración en Francia e Inglaterra de la *Teoría del Valor Subjetivo,* el consumo asume importancia capital en el pensamiento económico de la época.

Asumida y difundida por la escuela económica austríaca, cobra impulso con la Revolución Industrial y ya en el Siglo XX, las postguerras de ambos conflictos mundiales le van abriendo el camino al esplendor del que goza en la actualidad.

La sociedad de consumo encuentra su mejor aliado en la publicidad ya que ésta determina actualmente, no solamente lo que el hombre consume, sino también sus ideas y comportamientos.

Influencia de la publicidad y los medios de comunicación

Ya en *The Cultural Contradictions of Capitalism* publicada en 1976 (ignoramos si ha sido traducida al español y si así fuera se llamaría "Las Contradicciones Culturales del Capitalismo") su autor Daniel Bell expresa textualmente sobre la publicidad y los medios de comunicación:

"... enseñan a la gente como vestirse, amueblar una casa, comprar los vinos adecuados: en resumen el estilo de vida apropiado a su nuevo status.

Aunque en un principio los cambios eran sobre todo costumbres, vestido, gustos y hábitos de alimentación, antes o después empezaron a influir en modelos más básicos: la estructura autoritaria en la familia, el papel de los niños y jóvenes como consumidores independientes en la sociedad, los modelos morales y las distintas formas de prosperar en la sociedad".

La oferta de productos y servicios en nuestras sociedades es tan amplia que en general no se tiene el tiempo, ni el conocimiento suficiente como para realizar previamente un juicio exhaustivo de lo que se va a comprar, se depende cada vez más de una "opinión externa" que el comprador inconscientemente deja que influya sobre él.

El peligro de esta manipulación hace que la importancia social de tener o no unos bienes como indicadores de clase no es inherente a las cosas en sí.

La validez la adquiere dentro de la mente del comprador a quien, al dejarse influir, le imponen un significado simbólico asociado con un status económico al que, en su gran mayoría, le es difícil acceder y permanecer. Esta dinámica funciona, en general, en los individuos desde la adquisición de unos tenis o zapatillas de deporte hasta la elección de un coche.

Enfatizar que la necesidad de las cosas materiales ha dado como resultante que se le dé más importancia a las cosas que se pueden comprar, que a aquellas que naturalmente nos brinda nuestro ser, la vida y la naturaleza.

Educar en el consumo es hacer comprender a las nuevas generaciones el gran adelanto que significa acceder a los bienes materiales necesarios sin que el ansia de poseerlos o de adquirir lo superfluo, vaya en detrimento de lo que puede dar al hombre paz y felicidad duradera.

Los valores eternos de la amistad, el amor, la familia, la autoestima, el buen diálogo, la salud física y psicológica, la tranquilidad espiritual, etc. no se pueden comprar y son en definitiva la única garantía de paz interior para los seres humanos.

Los niños de los primeros niveles escolares pueden ya interiorizar tres conceptos importantes de educación en el consumo:

1. Estar consciente de la diferencia que hay entre *querer adquirir y necesitar.*

2. Las necesidades y los gustos deben estar de acuerdo con la *capacidad de compra* que se tenga. En la actualidad se pueden cubrir las mismas necesidades con diferentes tipos de presupuesto.
   Volviendo al ejemplo de las zapatillas: la necesidad es tener calzado, los diferentes precios están en directa relación no sólo con la calidad sino con el *status* que confieren ciertas y determinadas marcas. El valor no es del objeto, está en la mente del consumidor.

3. Tomar conciencia del efecto personal que tiene en cada uno de nosotros la publicidad y los mensajes que envían los medios de comunicación, aprendiendo así a resistir la *influencia externa* que éstos tienen en nuestras decisiones de compra.

La publicidad tiene para los niños un enorme poder de convencimiento. Les gusta y creen en ella. La desbordante imaginación infantil y la receptividad que tienen hacia lo novedoso coincide perfectamente con la oferta audio visual que se le ofrece, sobre todo a través de los anuncios de la televisión.

Pero, es menester que los adultos que les rodean dosifiquen esa oferta dado que un exceso de exposición a la televisión sin tener aún desarrollado el sentido crítico puede estancarlos en su madurez psicológica.

Los chicos de hoy se sienten atraídos en forma permanente por la variedad de imágenes, sonidos y efectos especiales que brinda la publicidad actual. Al no tener delimitadas con claridad sus fronteras entre lo real y lo imaginario, se identifican fácilmente con lo irreal y lo fantástico, al menos están más dispuestos a aceptarlo.

Como su curiosidad no tiene límites quieren asimilarlo todo a la vez.

El docente, sobre todo si ya no es muy joven, no debe prejuzgar o confundir la niñez actual con su niñez. Asumir la diferencia es el mejor camino a lograr la comprensión con sus estudiantes y ayudarlos a que la tecnología los estimule positivamente, no que los aturda sirviéndole de escapismo.

CAPITULO 16
Uso Correcto de la Tecnología

"La tecnología es la expresión más acabada y trascendente de nuestra capacidad de hacer, y es a la vez bendición y amenaza; poder y riesgo; solución a ciertas preocupaciones y motivo de preocupación subsecuente; pero sobre todo, la tecnología es destino."

**Daniel Reséndiz Núñez "La tecnología y los valores sociales"
Sociedad, Ciencia y Cultura**

OBJETIVO GENERAL

Enseñar a los niños a ser responsables de cómo y para qué usan la tecnología de la que disponen y que cada vez que la emplean deben saber con qué fin lo hacen y las consecuencias que puede ocasionarles un mal uso de la misma.

Diversas consideraciones para el educador

Cuando el hombre hace su aparición sobre la faz de la Tierra estaba desposeída de todas las cosas que hoy consideramos necesarias... y que muchas de ellas no lo son tanto.

Tenía la Naturaleza a su entera disposición, estando también a merced de ella. Sólo podía defenderse y sobrevivir en ese paraíso amenazante por medio de la gran diferencia que tenía con el resto de los seres vivos: su capacidad de raciocinio.

El uso de su poder de razonamiento hizo que desarrollara técnicas pueriles, simples y primitivas en sus comienzos. Con el paso de los siglos las técnicas cambiaron, se fueron sofisticando, se hicieron cada vez más complejas y acertadas, asombrosas, poderosas podríamos decir.

En la actualidad el hombre debe, además de seguir perfeccionando la técnica, usar su capacidad de razonar para que aquella no se vuelva en su contra, ya que de equivocarse, tendrá que responder ante sí mismo de las consecuencias que produzca.

Por eso la preocupación ecológica. La mayoría de los daños al equilibrio natural del planeta lo ha provocado el ser humano, y ya comienza a darse cuenta de ello, aunque no todos. Algunos han aprovechado los adelantos tecnológicos para crear sutiles y malvadas formas de riesgos para el hombre y su entorno.

Riesgos tecnológicos que atemorizan con sólo mencionarlos, tienen nombre ya, Hiroshima, Nagasaki, Chernóbil y muchos otros.

Riesgos químicos, contaminaciones del suelo, del aire, del agua, el efecto invernadero, el agujero en la capa de ozono, etc.

La solución no es detener el avance de la técnica ni tampoco volver a formas de vida del pasado en el cual, el hombre del Imperio Romano tenía un promedio de vida de 35 años comparados con los 75 de la actualidad.

Miles de niños morían antes de los dos años y los que sobrevivían lo hacían bajo la amenaza de cualquier enfermedad en un mundo sin vacunas.

No tenemos porqué renunciar a lo conseguido, agua potable y corriente, baño, libros, relojes, coches, ordenadores, aviones en lugar de carretas y tantas otras cosas más.

Ha llegado el momento, que además del razonamiento, el hombre tiene que ejercer la prudencia, la responsabilidad de ayudar a continuar una creación aún inacabada sin correr el riesgo de acabar con la creación... y para eso el ser humano también "aprendió" la educación.

Los aparatos eléctricos y los niños

En el primer curso de Educación Infantil al hacer las primeras aproximaciones sobre un uso correcto de la tecnología, reviste importancia enseñar a los niños los riesgos de la electricidad.

Un correcto uso de la tecnología debe comenzar por enseñar a los niños conceptos elementales como los siguientes:

- Nunca jugar con aparatos eléctricos
- Nunca manipular los enchufes
- No meter objetos en los enchufes
- No tocar ningún aparato eléctrico con las manos mojadas o estando descalzo

Es necesario también hacer reflexionar al niño que la electricidad es sumamente importante para nuestra vida ya que de ella depende la mayoría de las cosas que nos la hacen más cómoda, más fácil y hasta más divertida, por eso hay que aprender a convivir con ella.

La electricidad la usamos para:

- alumbrar
- enfriar
- congelar
- refrescar
- limpiar
- lavar ropa
- secar ropa
- planchar
- tostar pan
- escuchar música
- secarnos el pelo
- ventilar
- calentar
- trabajar
- ver la televisión

Ante tantos y tan variados servicios que presta la electricidad en el hogar es casi imposible sustraer a los niños del contacto con los artefactos eléctricos, por ello es necesario repetir en variadas ocasiones hasta que se lo sepan de memoria, las advertencias señaladas más arriba.

La televisión y el desarrollo infantil

Los padres creen, en general, que la televisión es un estímulo para la mente de sus hijos y que facilita el desarrollo de la inteligencia.

El enorme cúmulo de información que los niños reciben y las diferentes experiencias que los medios de comunicación les proporcionan hace que, aunque sean muy pequeños, demuestren una madurez prematura, consecuencia de lo que significa la eterna imaginación infantil estimulada por la actual civilización electrónica.

Con orgullo cuentan como el niño canta y baila imitando algún personaje o se sabe de memoria los anuncios comerciales o las canciones de moda.

A los niños les encantan los estereotipos y es por esto que recuerdan, hasta el último detalle, las escenas que los recrean. La música tiene para ellos un atractivo especial y retienen las letras y melodías de los anuncios con mucha más facilidad que los adultos

Aunque los niños son siempre niños, no son como antes tampoco, los medios de comunicación y el desarrollo tecnológico los han hecho acceder prematuramente al mundo de los adultos.

Sin embargo no hay que engañarse, aunque la imitación momentánea o la repetición memorizada hagan aparecer al niño más adelantado para su edad la verdad es que la televisión retrasa el correcto uso del lenguaje y empobrece la capacidad de pensar, con el grave riesgo de anular su inventiva y creatividad.

Está comprobado que la televisión interfiere en los procesos de descubrimiento y exploración que el niño realiza de su entorno, dificultando así el aprendizaje.

En los primeros años el infante debe experimentar con las cosas a su alcance descubriendo relaciones causales: empuja los objetos, los esconde, los tira y hasta los rompe, le encanta la repetición y un cambio que introduzca lo siente como un logro.

Cuando el niño realiza este "aprendizaje" cerca de un aparato de TV encendido, éste reclama su atención, lo fascina y lo induce a abandonar la exploración que está haciendo.

La actividad se reduce entonces a la contemplación pasiva de imágenes en movimiento con una secuencia temporal inadecuada para su inmadurez neurológica, donde los rápidos cambios de plano y escena escapan a su capacidad de comprensión, quedándose sólo en el plano del deslumbramiento que no le sirve de estímulo a la capacidad de pensar.

Cuando el niño entra a la etapa de Infantil, el maestro puede darse cuenta a través de un pobre lenguaje y la incapacidad de expresión, cuales han sido los niños que por sobredosis de televisión y carencia de estímulos directos por falta de diálogo familiar o de juegos, se están formando como espectadores del mundo y no como actores del mismo.

El niño que para superar el aburrimiento o la soledad tiene solo el recurso del televisor, no aprende a jugar, tampoco le gustará leer, silenciará inconscientemente la voz interior de su desbordante imaginación sustituyéndola por la "fantasía enlatada" de los programas televisivos.

La televisión tiene que ser para el niño una forma de comparación con la realidad que vive y no una forma de suplantarla. La televisión debe ser un facilitador del diálogo no una sustitución del mismo.

La prohibición de la programación no es la solución al problema, ya que el niño se las va a ingeniar para ver lo que quiera ver, lo que hay que despertar desde muy temprano, es el *sentido crítico*, los mensajes televisivos deberán ser recreados a través de nuestra propia fantasía, comprometiendo al máximo la creatividad del maestro en esta recreación.

Los programas que habitualmente ven los niños, que en una gran mayoría también ven los de los adultos, deben ser "dialogados" en la escuela, "dibujados" en las libretas, "jugados" a través de las dramatizaciones. Lo que interesa y realmente importa, es evitar el *consumo acrítico* de cualquier programación.

Las TIC (tecnologías de la información y la comunicación) en la escuela

No podíamos en este capítulo dejar de dar un lugar preferente a las Tecnologías de la información y la comunicación. Con la llegada del nuevo siglo nos encontramos dentro de la denominada Sociedad del conocimiento y de la información, cuya característica principal responde a la posibilidad de tener toda la información disponible en un solo "click".

Las Tecnologías de la información y la comunicación son un conjunto de herramientas, soportes y canales para el tratamiento y acceso a la información. Constituyen nuevos canales para dar forma, registrar, almacenar y difundir esta. No podríamos abarcar todos los soportes actuales como los teléfonos móviles, tablets, ipad etc... y por esto nos centraremos en dos que forman parte de la matriz de todos los demás como son el ordenador e internet.

En términos de prevención mantenemos la misma línea argumental que ofrecíamos cuando hablamos de la televisión. Creemos que no es cuestión de prohibir entrar en ciertas páginas o en buscar ciertas informaciones en la red, ya que cada vez mas estamos disponibles en cualquier lugar del mundo a cualquier hora del día o de la noche, se trata de educar y crear sujetos críticos, que por un lado sepan buscar la veracidad de las informaciones ya que el anonimato de la red puede llegar a ser peligroso y por otro sujetos con capacidad de síntesis y con relaciones directas con la realidad, para que entiendan que lo virtual no puede sustituir a sus propias vidas.

No podemos olvidar que las nuevas tecnologías también han dado lugar a otro tipo de problema como es el "Ciberbulling", que es ni más ni menos que el uso de las nuevas tecnologías para maltratar, intimidar o amedrentar a estudiantes por parte de sus compañeros según Besley.

Una de las características que hace al ciberbulling tan agresivo es la posibilidad de anonimato y el hecho de actuar sobre espacios escolares y extraescolares (Maidel 2009). Este tipo de acoso de da por ejemplo a través de las redes sociales, emails, mensajes de texto a móviles, a web personales o comunidades virtuales. Hay estudios realizados en Nueva Zelanda en 2010 por el investigador Marsh y cols, se encuentra un elevado número de estudiantes que son intimidados a través de mensajes de texto, como una forma adicional de intimidación, la cual hace que los sujetos agredidos no se encuentren seguros ni en su propia casa o en cualquier parte fuera del colegio.

Entre las ventajas de la utilización de las TIC encontramos: Interés y motivación, permanente actividad intelectual; desarrollo de la iniciativa; aprendizaje a partir de errores; mayor comunicación entre profesores y alumnos/as, alto grado de interdisciplinariedad; alfabetización digital y audiovisual; acceso a múltiples recursos..

Como se puede comprobar no dudamos de las ventajas que tienen las nuevas tecnologías, dado que día a día las experimentamos, pero tampoco dudamos en que tienen inconvenientes.

Entre esos inconvenientes destacamos: Distracciones; dispersión, adicción; aislamiento; cansancio visual y problemas físicos; pérdida de tiempo; informaciones no fiables; aprendizajes incompletos y superficiales; diálogos muy rígidos; visión parcial de la realidad; dependencia de los demás etc...

Empezamos el capítulo señalando que en ocasiones el hombre puede ser víctima de su propio raciocinio, con estas líneas queremos dejar claro que estamos a favor del uso de las nuevas tecnologías pero de un uso correcto y racional.

Creemos que no hay mejor herramienta de prevención que la propia mente y por tanto culminamos con unas palabras de Galileo que resumen el ideario que hemos querido transmitir "Nada puedes enseñar a una persona, tan solo puedes ayudarla a que lo descubra por sí misma".

BIBLIOGRAFÍA

- Alonso Sanz Carlos y otros. *Prevención del Consumo de Alcohol y Tabaco en la Enseñanza*. Consejería de Sanidad, Junta de Comunidades de Castilla-La Mancha,1991
- Ajzen I. The theory of planned behavior. Organizational Behavior Human Decision Processes 50:179-211, 1991
- Ayuntamiento de Elche, Guía para la implantación de un programa de prevención de la obesidad infantil en los colegios. Fundación salud infantil, 2011
- Babin Pierre. *La Era de la Comunicación*, Editorial Sal Terrae, Santander, 1990
- Babin Pierre. *El Lenguaje de la Nueva Cultura*, Ediciones Paulinas, Madrid, 1993
- Bennett S E, Assefi N P. Programas de prevención del embarazo entre adolescentes en la escuela: revisión sistemática de los estudios clínicos controlados aleatorizados. J. of Adolescent Health ; 36(1):72-81; 2005
- Bertherat Thérèse. *El Cuerpo tiene sus Razones*, Editorial Paidós, Buenos Aires,1994
- BELSEY, B. "Are you aware of, or are supporting someone who is the victim of cyberbullying? In What can be done about cyberbullying?" Disponible en : <http://www.cyberbullying.ca/info.html> abril.2009.
- Binaburo, J.A. i Muñoz, B. Educar desde el conflicto. Guía para la mediación escolar. Barcelona: CEAC. 2007.
- Bohannan Paul. *Todas las Familias Felices*, 1985, Citado en La Pareja Rota de Luis Rojas Marcos, Espasa Calpe, Madrid 1994
- Calvo Francés y otros. *Educación para la Salud, Tomo 1*, Consejería de Sanidad y Asuntos Sociales y Consejería de Educación, Cultura y Deportes, Gobierno de Canarias 2010
- Cepeda-Cuervo, E. Acoso escolar Caracterización, consecuencias y prevención. 2011
- Cepeda-Cuervo, E. y otros "Bullying amongst students attending state basic and middle schools". Revista Salud Pública. vol.10, no.4, p.517-528. ISSN 0124-0064. 2008
- Cobiello Diana Elsa y otros. *Así aprendemos, Ciencias Naturales 1 - Libro del Maestro Libro del Alumno*, Edicial, Buenos Aires, 1994
- Corsi Jorge y otros. *Violencia Familiar,una mirada interdisciplinaria sobre un grave problema social*, Editorial Paidós, Buenos Aires, 1994
- Channing L. Bete .*Su niño entrando a la escuela* (1981)
- Channing L. Bete *Desarrollo Infantil de los 3 a los 6 años de edad* (1988)
- Channing L. Bete *Sobre la Prevención de los abusos infantiles* (1990)
- A Scriptographic Booklet, South Deerfield, Massachussets
- De Castro Maqueda R. Diez claves para una evolución constructiva de la educación ambiental. Centro nacional de educación ambiental (1998)
- De Gregorio García Abilio. *Valores y Educación* , Federación Española de Religiosos en la Enseñanza, Madrid, 1995
- Del Pino Merino Angel. *Los nuevos consumidores españoles*, Ediciones Deusto S.A.,Bilbao,1989

- Department of Education United States of America. *Learning to live drug free*, Washington D.C., 1990
- Department of Education United States of America. *Schools Without Drugs*, Washington D.C., 1989
- Departamento de Educación del Estado Libre Asociado de Puerto Rico. *Modelo Curricular del programa de Salud Escolar*, San Juan, 1994
- Due, P. y otros. "Bullying and symptoms among school-aged children: international comparative cross sectional study in 28 countries. The European Journal of Public Health", 15, 128. 2005
- Escámez Sánchez J. y Baeza Hernández Ma.C. *Una alternativa de prevención escolar de la drogadicción:Los programas de Formación/Cambio de Actitudes* , en Tratado sobre prevención de las drogodependencias, Fundación de Ayuda contra la Drogadicción, Gobierno Vasco, Edek Kolektiboa, Madrid 1993
- Elfenbein DS, y otros Felice ME. Adolescent pregnancy. In: Textbook of Pediatrics. 19th ed. Philadelphia, Pa: Saunders Elsevier; 112; 2011.
- Faure Claude. *Attention Dangers!* Belin, Paris, 1992
- Frankl Viktor E. *El Hombre en Busca de Sentido*, Editorial Herder, Barcelona 1982
- Fundación de Ayuda contra la Drogadicción - Fundación ECCA. *Curso de Prevención de Drogas - Manual*, Madrid, 1991
- Fundación de Ayuda contra la Drogadicción - Fundación Etorkintza. *Manual Didáctico para Educadores*, Madrid, 1991
- Fundación de Ayuda contra la Drogadicción. *Plan Integral de Prevención Escolar, Formación del Profesorado I y II Madrid 1995*
- Gardner SE, Brounstein PJ, Stone DB. Science-based substance abuse prevention: a guide. Rockville, EU: Substance Abuse and Mental Health Services Administration; 2001
- Generalitat de Catalunya, Department d'Ensenyament y Department de Sanitat *Educación para la Salud en la Escuela, Orientaciones y Programas*, servicio Central de Publicaciones, Gobierno Vasco, Vitoria-Gasteiz, 1988
- Guía para la elaboración del proyecto educativo. (Consejería deEduacación. Junta de Andalucía. 2011.
- Hojman L. *Aprendiendo a leer sin estereotipos,* en La Nación, Buenos Aires, 6-3 1994
- Hume P. *Guía para los Niños que quieren salvar el Planeta*, Editorial Diana, México1992
- Isaacs D. *La Educación de las Virtudes Humanas*, Ediciones Universidad de Navarra, Barañain - Pamplona , 1991
- Jiménez López J. y otros. *Programa de Educación sobre el Tabaco, Unidad Didáctica*, Consejería de Sanidad y Servicios Sociales - Dirección Provincial del Ministerio de Educac. y Ciencias, Principado de Asturias, 1988
- Kalina E. y otros. *Los Padres ante las Drogas, una cuestión de información*, Edex Kolektiboa, Bilbao, 1992
- Marsh L. y otros. "Brief report: Text bullying and traditional bullying among New Zealand secondary school students. Joural of adolescence"; 33(1):237-40. 2010
- Maidel, Simone (2009). "Cyberbullying: Um novo risco advindo das tecnologias digitais". Revista Electrónica de Investigación y Docencia. (REID), ISSN 1989-2446, Nº. 2, págs. 113-119. 2009

- Oñate Gómez Pedro. *Un Programa de Prevención Escolar de las Drogodependencias*, Equipo Multiprofesional "Educación y Drogas" (E.M.E.D.), Madrid, 1992
- Peñaloza Rojas José .*Lo esencial sobre el SIDA*, Ediciones Paulinas, Bogotá, 1991
- Qualter Terence H. *Publicidad y Democracia en la Sociedad de Masas*, Ediciones Paidós - Ibérica, Barcelona, 1991
- Reséndiz Núñez Daniel. *La Tecnología y los Valores Sociales*, en "Sociedad, Ciencia y Cultura". Aguilar, León y Cal Editores, S.A. de C.V., México 1995
- Reyes de Moore R. *Tu Salud, Un Enfoque Integral - Guía del Maestro*, Merrill Publishing Co. Columbus, Ohio, 1993
- Rojas Montes Enrique. *El Hombre Light, Una Vida sin Valores*, Ediciones Temas de Hoy, Madrid,1992
- Rojas Marcos Luis. *La Ciudad y sus Desafíos*, Espasa Calpe Argentina S.A., Buenos Aires,1993
- Rojas Marcos Luis. *La Pareja Rota*, Editorial Espasa Calpe S.A., Madrid 1994
- Rolheiser Ronald. *El Factor Soledad*, Narcea S.A. de Ediciones, Madrid 1981
- Ruiz González Serafín. *Crecer como Persona, Etapas y Obstáculos*, San Pablo, Madrid, 1994
- Solanas Pacheco Yvonne y otros. *El sida y la Escuela,* Instituto de Prevención de Drogas, Alcohol y Sida. Universidad Interamericana de Puerto Rico, San Juan, 1995
- Solveig E. y otros Evaluación de un programa de prevención del consumo de drogas para adolescentes. Salud Mental 2011; 34: 27-35
- Somers León Ed.M. y Somers Bárbara Ed.M. *Como hablar a sus hijos sobre el amor y el sexo* Ediciones Paidós-Ibérica Barcelona, 1989
- Tierno Bernabé. *Valores Humanos*, Taller de Editores S.A., España, 1993
- Totura C.M. "Multiple informants in the assessment of psychological,
- behavioral, and academic correlates of bullying and victimization in
- middle school". *Journal of Adolescence* (32) 2,193-211. *2009*
- Vazquez de Palau A., *Vive más, y mejor!*, Organización Panamericana de la Salud (OPS). Organización Mundial de la Salud (OMS), Panamá 1995
- Vega Fuente Amado. *Las Drogas ¿Un Problema Educativo?* Editorial Cincel S.A., Madrid 1981
- Victoroff David. *La Publicidad y la Imagen* Ediciones G.Gili S.A. México, 1983
- Wolf Mauro. *Los Efectos Sociales de los Media*, Ediciones Paidós - Ibérica, Barcelona,1992.
- Yaría Juan Alberto. *La Existencia Tóxica*, Editorial Lumen, Buenos Aires, 1993

La educación escolar tiene como principal objetivo, contribuir a desarrollar en los estudiantes las capacidades necesarias para desenvolverse como ciudadanos con plenos derechos y deberes en la sociedad en la que viven.

Para alcanzar esta meta es necesario desarrollar, no sólo sus habilidades intelectuales, sino también, y fundamentalmente, sus capacidades afectivas y de relación interpersonal, intentando su correcta inserción en la sociedad en la que van a actuar. Por ambiciosa que parezca, esta es la visión educadora que contribuye a la formación integral de las personas.

Por alguna razón en los últimos años, la escuela tradicional de casi todos los países en el mundo se ha centrado en la enseñanza y no en la educación. Estamos viviendo los resultados de esta opción, posiblemente motivada, entre otras muchas, por las que han causado las crisis en casi todas nuestras instituciones orientadoras: exceso de trabajo y falta de tiempo.

La educación integral no pierde de vista el objetivo principal, pero lo trata en su sentido más profundo y en su carácter más comprometido. Posibilita a los estudiantes, desde su temprana escolarización, el progresivo entendimiento de los cruciales problemas del mundo actual relacionándolos con su vida cotidiana: familia, salud, seguridad, medio ambiente, drogas legales e ilegales, SIDA, violencia, entre otros.

El ámbito escolar puede, mediante la educación integral, ayudar a resolver las dificultades del desarrollo infantil y adolescente ocasionadas por los desajustes familiares y sociales. Los educadores que a conciencia y por compromiso de vida optan por impartir una educación integral se transforman en agentes preventores de los males que sufre la sociedad y a la vez en agentes compensadores de las carencias que las ocasionan.

Los padres, madres, maestros, maestras, profesores y profesoras que *educan para la vida* son exigentes, ante todo consigo mismos, pero a la vez son bondadosos, comprensivos y pacientes, porque saben que su docencia abre horizontes a una educación comprometida con los valores fundamentales, con la libertad, y con la autonomía de las personas.

Guillermo de Castro Maqueda
Macarena Rivero Vila

www.ingramcontent.com/pod-product-compliance
Lightning Source LLC
Chambersburg PA
CBHW080452170426
43196CB00016B/2768